고소의 정석

고소의 정석

억울한 사람들을 위한
실전 소송 매뉴얼

금융환·임에린 지음
김형배 감수

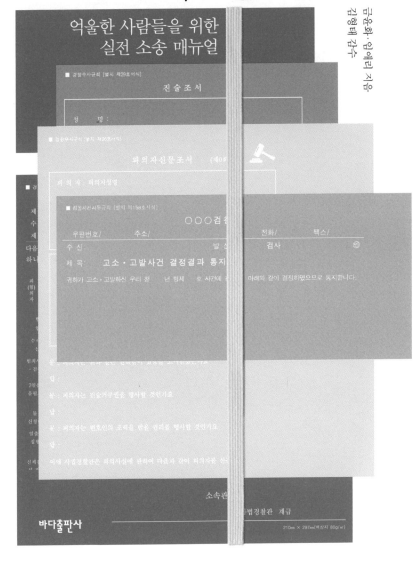

바다출판사

일러두기

이 책에 인용된 모든 공문서 서식과 법령의 기준 시점은 2024년 1월 31일자입니다.

확실히 고소해야,
제대로 처벌할 수 있습니다

범죄 피해를 당한 사람이라면 누구나 형사 고소를 떠올립니다. 이때 피해자는 '고소장만 내면 바로 가해자는 구속되고 처벌받겠지'라는 생각을 합니다. 그런데 실제로 고소를 해보신 분들은 '전혀 그러지 않았다'라고 말씀하십니다. 현실에서 생각과는 전혀 다른 상황이 펼쳐지는 게 보통이기 때문입니다.

고소장을 경찰서에 내면 수사관은 고소인에게 경찰서에 출석하라고 합니다. 고소인 보충 진술조서를 받기 위함이지요. 고소장에 모든 사실을 다 적어냈다고 하지만, 수사관은 반드시 직접 나와서 진술을 해야 한다고 말합니다. 어렵사리 시간을 내 진술을 마치면 그제야 피고소인을 피의자로 소환합니다. 이때도 피의자가 당장 시간을 내기 어렵다고 하거나 변호사의 조력을 받겠다고 하면 다시 출석일을 미뤄줍니다. 고소인이 피의자를 당장 구속해야 한다고 목소리를 내도, 구속 수사를 하는 일이 많지는 않습니다. 피의자 신문조서 작성을 마친 후에도 경찰은 고소인과 피의자를 한자리에 불러 대질신문을 하거나, 제3자를 참고인으로 불러 참고인 진술을 듣기도 하며, 사건 현장을 방문하거나 CCTV를 확보하는 등 증거를 수집하는데, 이 단계까지 가면 고소장을 내고도 벌써 몇 개월이 지나 있습니다. 증거를 다 수집하면, 경찰은 증거를 종합하여 의견을 정리한 다음 검찰로 송치하거나 불송치하는 결정을 내리는데 이 결정을 내리는 데에도 수개월이 걸리기도 합니다. 사건이 검찰로 송치되더라도 사건을 받은 검사가 경찰에 보완수사를 요구하면 다시 기록이 경찰로 내려오고 보완수사를 한 다음 다시 검찰로 송치됩니다. 당연히 그 과정에도 시간이 걸릴 수밖에 없습니다. 이 정도 시간이 흐르면 고소인은 사건에 대한 집중도 떨어지고 고소장을 낼 때만 해도 불타오르던 가해자 처벌에 대한 의지도 약해지게 됩니다.

또 당연히 처벌이 될 것이라고 믿고 고소장을 냈으나, 증거가 부족하다는 이유 등으로 기소 자체가 되지 않는 경우도 비일비재합니다. 그렇게 되면 애초에 고소를 한 것 자체를 후회하기도 하지요. 심지어 고소한 건이 불기소되자 피고소인이 오히려 고소인을 무고죄로 고소(정확히는 고발)하여 역공을 할 때도 있습니다. 이렇게 되면 고소인이 오히려 무고죄의 피의자가 되어 수사를 받을 수밖에 없는데, 이럴 때는 정말 환장할 노릇일 수밖에 없습니다.

그런데 어쩌면 이와 같이 결론이 나오기라도 하면 그나마 다행일 수 있습니다. 가해자나 중요한 참고인이 소재 불명이라 기소중지나 참고인중지가 되어 몇 년이 그냥 흘러버리기도 합니다. 실제로 2009년 12월에 고소된 사건이 참고인중지가 되어 있다가 2019년 10월에 비로소 공소제기가 된 건이 있었는데, 재판이 시작되었을 때는 고소인은 이미 행방불명이 되어버렸습니다.

그러니 고소장을 내고자 하는 사람은 고소부터 처벌까지 오랜 시간이 걸릴뿐더러 처벌의 벽도 상당히 높음을 충분히 각오한 다음 시작부터 제대로 해야 합니다. 제대로 된 준비 없이, 그저 감정적 이유로 혹은 돈을 빨리 받아낼 생각으로 고소를 생각하신다면 고소가 아닌 다른 수단으로 접근하실 것을 권합니다.

이 책은 확실히 고소하여 반드시 가해자의 처벌을 이끌어내겠다는 각오를 하신 분들을 위해 작성한 책입니다. 이 책에는 대한변호사협회 인증 형사법 전문이거나 범죄 피해자 대리를 주요 업무 분야로 하는 변호사들이 10년간 쌓은 전문지식과 노하우가 담겨 있습니다. 처음으로 형사 고소를 해보려고 하시는 분들, 형사 고소를 해봤더라도 가해자 처벌에는 이르지 못한 분들, 형사 사건 경험이 부족한 새내기 변호사들이 이 책의 도움을 받아 가해자의 처벌이라는 고소의 목표를 이끌어내시길 응원합니다.

차례

2부   범죄별 고소 시 주의점

1부

고소의 방법과 절차

고소장 작성에서 유죄판결까지

1장   고소장을 작성할 때 알아야 할 기초정보

1. 고소장 작성의 A to Z

고소장 작성의 원칙을 한마디로 요약하자면, '공소장을 목표로 공소장에 들어갈 내용을 모두 포함하고 있어야 한다'라는 것입니다. 그럼 공소장이 무엇인지부터 말씀드리겠습니다.

공소장은 검사가 법원에 기소할 때 내는 서면으로, 공소장에는 고소당해 재판받는 사람(재판 과정에서는 이 사람을 '피고인'이라고 부릅니다)의 인적 사항과 죄명, 적용 법조, 공소사실이 들어갑니다. 고소장의 최종 목표는 검사로 하여금 법원에 기소하는 결정을 하도록 하는 것이니까 최대한 수사관이 공소장을 쓰기 편하게 고소장을 공소장의 형식에 맞추어 써주면 좋겠지요.

'나는 법률 전문가가 아니니까 고소장은 내가 입은 피해 중심으로 써서 내고, 증거 조사나 공소사실 구성은 수사관이 알아서 하겠지'라고 생각할 수 있습니다. 하지만 수사관은 수많은 사건을 동시에 처리해야 하는 부담을 안고 있기 때문에, 생각보다 내 사건에 집중해서 투입할 시간이 많지 않습니다. 물론 수사관은 사건 수와 관계없이 모든 사건을 성실히 처리해야 할 의무가 있으나, 수사관이 처한 현실적인 어려움을 이해하고 고소인이 수사를 도와준다는 마음으로 고소장을 충실히 구성해서 낼수록 첫인상이 좋아집니다.

공소장상 공소사실은 크게 전제사실, 당사자들의 관계, 범죄사실로 나누어 작성합니다. 아주 간단하고 짧아 보이지만, 검사는 이 한두 장의 공소장을 완벽하게 쓰기 위해 온갖 노력을 기울입니다. 검사가 법원에 공소를 제기할 때는 증거 없이 공소장만 제출해야 하기 때문에 공소장 작성에 많은 노력을 기울일 수밖에 없는 것이지요.

그러면 본격적으로 공소장에 맞춰 고소사실을 어떻게 적어야 하는지 항목별로 자세히 말씀드리겠습니다.

1) 피고소인 특정

먼저 고소하고자 하는 사람 즉 피고소인을 잘 적어야겠지요. 피고소인의 이름이나 주소, 주민번호, 전화번호 등 인적 사항을 아는 범위까지 잘 적으시면 됩니다.

그런데 인터넷에서 벌어지는 명예훼손이나 모욕과 같이, 내가 피해를 입었는데 상대방이 누군지 모를 때가 있습니다. 그럴 때

■ 검찰사건사무규칙 [별지 제172호서식]

○ ○ ○ 검 찰 청

. . .

사건번호　　　　년 형제　　　　호

수 신 자　　　　　　　　법원

제　목　　공소장

　　　　　검사 ○○○은(는) 아래와 같이 공소를 제기합니다.

Ⅰ. 피고인 관련사항

피 고 인　　○○○(주민등록번호), ○○세

　　　　　　직업　　　, 일반전화번호, 휴대전화번호

　　　　　　주거　　　　　　(　　통　　반), 전화번호

　　　　　　등록기준지

죄　명

적용법조

구속여부　　　　.　　.　　. 구속 (　　.　　.　　. 체포)

변 호 인　　변호사 ○○○

Ⅱ. 공소사실

Ⅲ. 첨부서류

　　　　　　　　　검사 ○　○　○　(인)

는 고소를 할 수 없을까요? 결론부터 말씀드리면 피고소인을 '성명불상'으로 적어 고소할 수 있습니다.

▶ **성명불상 피고인 기재 예시**

1. 피고소인1. 성명불상 (페이스북 사용자명 : "OOO")

2016. 10. 6. ~ 10. 7.경 사이에 사용자명 "OOO"로 페이스북 계정에 접속하여 '유머저장소'라는 페이지에 "(모욕에 해당하는 내용)"라는 글을 게재한 자.

이렇게 '성명불상'으로 피고소인을 적어내면, 수사관은 게시물이 올라온 웹사이트나 모바일 앱의 운영자에게 사용자명, ID, 게시물의 캡처에 포함된 IP 주소 등을 제공하고 피고소인의 인적 사항에 대한 정보를 회신받아 피고소인을 특정하고 수사를 진행합니다. 국내 사업자들은 협조를 잘해주는 편이지만 개인정보나 IP 주소 등 정보의 보관 기간이 짧아 자료가 없다고 회신이 오는 경우도 있습니다. 그래서 피고소인이 누구인지 모를 때는 피해 사실을 확인한 즉시 서둘러서 게시물 캡처 화면을 첨부한 고소장을 제출하고 수사관에게도 빨리 인적 사항을 조회하여 가해자를 찾아달라는 의견을 제시해야 합니다.

인터넷 명예훼손 피해자가 고소장을 낸 후에 피고소인을 정정한 사례

Y는 동네에서 작은 학원을 운영하고 있다. 어린이들 대상 학원이기 때문에 지역 맘카페에 학원에 대한 평가 글이 올라오면 아무래도 예민할 수밖에 없다. 그런데 맘카페에 필명 '은하제일'이라는 사람이 글을 올렸는데, Y의 학원에서 강사들 간 성폭행이 있었는데 원장인 Y가 가해자를 옹호하였다는 내용이었다. 이러한 사실이 전혀 없었음에도 Y와 Y의 학원을 비방하는 글이 올라온 것이다. 당연히 해당 글에는 나쁜 댓글이 줄이어 달렸다. Y는 글을 읽자마자 쓴 사람을 단정지었다. 몇 년 전 강사 M이 다른 강사에게 호감을 갖고 있다가 관계가 발전되지 않자 그 다른 강사나 Y에 대해 험담하며 학원을 관뒀는데, M이 아니라면 이러한 글을 쓸 사람이 없었기 때문이다. Y는 당장 M을 명예훼손죄로 고소하는 내용의 고소장을 작성하여 경찰서에 제출했다. 그런데 며칠 후 '은하제일'이 해당 카페에 다른 글을 올렸다. 이번에는 Y학원이 강사들 처우 개선을 전혀 해주지 않아 실력 있는 강사들이 학원을 떠난다는 내용이었다. 그제야 Y는 필명 '은하제일'이 M이 아니라 급여 인상을 요구하다가 학원을 관둔 D일 수도 있겠다는 생각이 들었다. Y는 당장 담당 경찰관에게 전화를 하여 해당 카페에 필명 '은하제일'을 쓰는 사람을 고소하는 내용으로 수정하고 싶다고 말하여 그렇게 처리가 되었다.

2) 범죄사실

범죄사실은 육하원칙(누가, 언제, 어디서, 무엇을, 어떻게, 왜)에 따라 기술해야 합니다. 범죄사실이 여러 개일 경우 '여러 번 했다'라고 두루뭉술하게 적으면 안 되고 죄목별로 발생일시와 장소, 행위를 특정하여 시간 순서대로 써야 합니다.

사실 고소장을 쓰다 보면 상대방이 저지른 범죄가 지속·반복적이거나 상습적일 때나 범죄를 저지른 방식이 복잡하고 피해자가 여러 명일 때가 종종 있지요. 그럴 때는 표로 정리하여 첨부해주기도 합니다. 비법률가가 쓰는 고소장에 범죄일람표까지 써서내는 경우는 많지 않은데 사건이 복잡한 경우에는 범죄일람표를

▶ **공소장에 첨부된 범죄일람표의 예시**

순번	일시	장소	피해물건	범행방법
1	2015. 12. 22. 09:30경	울산 남구 C, 농협 부근	피해자 D 소유 00신용카드 1장	피해자가 분실한 카드를 습득하였음에도 피해자에게 반환하지 아니한 채 가지고 가 횡령
2	2015. 12. 22. 09:30경	울산 남구 E,000빌 부근	피해자 *** 소유 농협 체크카드 1장	상동
3	2016. 3. 19. 23:10경부터 2016. 3. 20. 03:40경 사이	울산 남구 F 소재 상호불상 편의점 부근	피해자 G 소유 경남은행 신용카드 1장	상동

총 3회에 걸쳐 피해자들이 분실한 물건을 가지고 가 점유이탈물횡령

써주면 한눈에 파악할 수 있으니까 수사관이 초기에 사건을 이해하기가 쉽겠죠.

3) 증거자료

앞서 고소장은 공소장을 목표로 한다고 했습니다. 그럼에도 공소장과 고소장의 차이가 있다면, 공소장에는 증거자료를 첨부해서는 안 되지만, 고소장에는 오히려 증거자료를 첨부해서 내야 한다는 것입니다.

TV에서 방영하는 법정 드라마를 보면 변호사나 수사관이 사건 현장을 들쑤시고 다니며 당사자보다 더 열정적으로 탐문 수사를 벌입니다. 하지만 현실에서는 변호사나 수사관이 직접 사건 현장을 찾거나 사실관계를 탐색해 증거를 수집하는 경우가 그리 많지는 않습니다. 꼭 필요한 경우에는 변호사나 수사관이 현장도 가고 관련자들과 통화도 하면서 증거를 수집해야겠지만요. 기본적으로 변호사들은, '변호사가 전체 과정을 지휘하되, 사실 조사는 당사자가 하고 법률적 검토와 절차 진행은 변호사가 한다'라는 생각을 갖고 사건에 임합니다. 수사관 역시 당사자가 사건에 대해 풍부한 증거와 정황 자료를 가져다 주기를 원하고 있을 것입니다. 그러니 내 사건의 사실관계를 가장 잘 아는 사람은 수사관도, 변호사도 아닌 바로 나 자신이기 때문에 조력자가 있더라도 '사실관계 정리에 대해서는 내가 가장 전문가다!'라는 마음가짐으로 충실히 증거를 수집할 필요가 있습니다.

법적 다툼을 경험해보지 못한 사람들에게 증거 수집은 어렵게만 느껴지지만, 사실 원칙은 간단합니다. 직접 수집할 수 있는 증거는 직접 수집하고, 직접 수집할 수 없는 증거는 수사관에게 '수사에 대한 의견'을 제출하여 증거를 가지고 있는 사람에게 임의제출을 요구하도록 하거나 압수·수색 등의 강제 수사를 하도록 요청합니다. 자세한 내용은 이어지는 '3장 증거는 어떻게?' 편에서 다루겠습니다.

2. 고소의 대상: 형사처벌 대상인 범죄

고소장을 낼 때는 형사처벌 대상인 범죄에 대해서만 고소할 수 있다는 점에 특히 유의해야 합니다. 이것을 '죄형법정주의'라고 합니다. 아무리 내가 큰 피해를 입었고 상대방이 반사회적인 행동을 했다 하더라도 법률이 범죄로 정하지 않았다면 고소의 대상이 되지 않습니다.

피해자가 직접 고소장을 쓸 때 '내 기분 상해죄' '괘씸죄'는 물론이고, 실정법상 죄가 되지 않는데도 죄가 된다고 생각하여 범죄사실로 적는 경우가 적지 않습니다. 가해자의 행동에 약이 오르지만 고소는 할 수 없는 행위를 몇 가지 소개하겠습니다.

① 언어적 성희롱
언어적 성희롱은 형사처벌 대상이 되지 않는 대표적인 행위입니다. 단, 그 대상이나 방법에 따라 처벌이 될 수 있기는 합니다.

미성년자에 대한 성희롱은 아동학대죄가 성립될 수 있고, 다수인 앞에서 언어적 성희롱을 하였다면 모욕죄가 되기도 하며, 신체 접촉을 수반한 성희롱은 사안에 따라 강제추행죄나 업무상 위력, 위계 등에 의한 추행에 관한 죄가 성립합니다. 그럼에도 성인을 상대로 한 언어적 성희롱 그 자체를 처벌하는 법률은 현재 존재하지 않습니다.

② 초상권 침해

누군가가 내 얼굴 사진을 몰래 찍는다면, 초상권이 침해되었다고 보아 고소를 해야겠다는 생각을 하실 수 있습니다. 그러나 모든 초상권 침해를 범죄로 처벌하지는 않습니다. 성적 욕망 또는 수치심을 유발할 수 있는 사람의 신체를 촬영한 사안은 카메라 등을 이용한 촬영죄에 해당하고, 반포할 목적으로 사진을 성적 욕망 또는 수치심을 유발할 수 있는 형태로 편집, 가공한 행위는 허위 영상물 등의 반포로 처벌합니다.

③ 혼인빙자간음, 간통, 낙태

혼인빙자간음이나 간통, 낙태는 과거에는 범죄였지만 그간 헌법재판소에서 위헌 결정을 내려 지금은 범죄로 처벌하지 않게 된 행위들입니다. 혼인빙자간음죄는 2009년 11월, 간통죄는 2015년 2월, 낙태죄는 2021년 1월부터 더 이상 처벌되지 않습니다.

④ 흡연·음주를 한 청소년

현행법상 미성년자에게 담배나 술을 팔다 적발되면 업주는 청소년보호법과 식품위생법에 따라 영업정지 또는 폐쇄 처분을 받고 형사처벌이 됩니다. 그러나 그 업주로부터 담배나 술을 산 청소년은 방조범이나 공범으로도 처벌이 되지 않습니다.

⑤ 범죄에 해당하는 행위를 과실로 저지른 경우

우리 형법은 고의 없이 과실로 행한 행위에 대해서는 법률에 과실범을 처벌한다는 규정이 있는 경우에 한해 처벌합니다. 대표적인 과실범으로 과실치사상죄, 실화失火죄 등이 있습니다.

위 행위들이 형사처벌의 대상이 되지는 않지만 민사소송은 가능할 수 있습니다. 대법원은 "불법행위에 따른 형사책임은 사회의 법질서를 위반한 행위에 대한 책임을 묻는 것으로서 행위자에 대한 공적인 제재(형벌)를 그 내용으로 함에 비하여, 민사책임은 타인의 법익을 침해한 데 대하여 행위자의 개인적 책임을 묻는 것으로서 피해자에게 발생한 손해의 전보를 그 내용으로 하는 것이고, 손해배상제도는 손해의 공평·타당한 부담을 그 지도원리로 하는 것이므로, 형사상 범죄를 구성하지 아니하는 침해행위라고 하더라도 그것이 민사상 불법행위를 구성하는지 여부는 형사책임과 별개의 관점에서 검토하여야 한다"라고 보고 있기 때문이지요(대법원 2008. 2. 1. 선고 2006다6713 판결).

3. 고소의 주체

1) 고소인

수사기관에 고소를 할 수 있는 권리를 가진 사람은 누구일까요? 기본적으로 법이 인정하는 고소인은 바로 범죄의 피해자입니다(형사소송법 제223조). 그렇지만 피해자에게 법정대리인이 있을 때를 고려하여 법정대리인에게 독립된 고소권을 주고 있는데, 여기서 말하는 법정대리인은 미성년자의 친권자, 후견인, 법원이 선임한 부재자 재산관리인 등을 말합니다(민법 제911조, 제938조 등). 즉 미성년자가 피해를 입었다면 미성년자도 고소인이 되지만 그 부모도 고소인이 될 수 있는 것이지요. 또 피해자가 사망한 때 그 배우자, 직계친족, 형제자매에게도 고소권을 주고 있습니다. 그런데 피해자 사망시 고소권을 갖는 자들은 피해자의 명시적인 의사에 반해 고소할 수 없으니 독립적인 고소권을 가진다고는 할 수 없습니다(형사소송법 제225조). 또 피해자가 부모나 가족한테 피해를 입었을 때에는 피해자의 법정대리인이나 그 친족이 피의자가 될 수 있는데, 이때는 피해자의 친족이 고소할 수 있습니다(형사소송법 제226조).

피해자 이외의 고소권자로 '친족'에 대해 여러 번 말씀드렸는데, 친족은 민법에 규정된 개념입니다. 배우자, 직계혈족(자기의 부모님과 자녀), 방계혈족(자기의 형제자매와 형제자매의 자식인 조카, 부모님의 형제자매인 삼촌과 고모, 이모 및 사촌 형제자매), 인척(혈족의 배우자, 배우자의 혈족, 배우자의 혈족의 배우자)을 모두 합쳐 친족이라고 합니다(민법 제767조에서 제769조).

▶ 고소권자 정리

> 고소인: 범죄의 피해자, 피해자의 법정대리인
>
> 피해자의 법정대리인이나 그 친족이 피의자인 때: 피해자의 친족
>
> 피해자가 사망한 때: 피해자의 배우자, 직계친족, 형제자매

2) 고발인

고소인 말고 고발인이라는 용어도 들어보셨을 것입니다. 고발인은 고소권자가 아닌데 수사기관에 처벌을 구하는 사람을 말합니다. 실무에서는 피해자가 없거나 보호법익이 공공의 이익과 관련된 범죄에 대해 처벌을 구하는 사람을 일컫지요. 한편, 법은 공무원에게는 직무를 행함에 있어 범죄가 있다고 판단되면 고발을 하도록 하고 있어 공무원이 제3자로 고발을 하는 경우도 종종 있습니다(형사소송법 제234조 제2항).

어떤 범죄는 고소의 형식을 취하였더라도 법적으로는 고발로 보는 경우가 있습니다. 위증과 같이 개인적 법익이 아닌 국가나 사회적 법익에 대한 죄에 대한 처벌을 구하면 고소장을 내더라도 고소인이 아니라 고발인으로 보게 됩니다.

또 관세법 위반(동법 제284조 제1항), 독점규제 및 공정거래에 관한 법률 위반(동법 제71조 제1항), 조세범처벌법 위반(동법 제21조), 출입국관리법 위반(동법 제101조 제1항) 사건과 같이, 주무

관청의 고발을 소송조건으로 하는 필요적 고발 또는 전속 고발 제도도 있습니다. 전속 고발에 대해서는 개인이 바로 고발장을 내도 의미가 없고, 가해자가 처벌을 받게 하려면 고발할 수 있는 기관에 진정을 넣어 전속기관이 직접 고발을 하도록 해야 합니다.

3) 진정인

위에서 잠깐 '진정'에 대해 말씀드렸는데, 보통 수사기관에 서면으로 접수되는 진정서나 탄원서가 범죄정보의 출처이거나, 편파적인 조사에 대한 시정, 이송 요구, 법원에 재판이 계속 중인 사건에 관한 요구에 대한 사건을 진정 사건이라고 합니다. 이와 같이 진정을 한 사람을 '진정인'이라고 하지요.

규정상 수사기관은 고소장이나 고발장을 내더라도 1)고소인 또는 고발인의 진술이나 고소장 또는 고발장의 내용이 불분명하거나 구체적 사실이 적시되어 있지 않은 경우, 2)피고소인 또는 피고발인에 대한 처벌을 희망하는 의사 표시가 없거나 처벌을 희망하는 의사 표시가 취소된 경우, 3)고소 또는 고발이 본인의 진의에 의한 것인지 여부가 확인되지 않는 경우, 4)동일한 사실에 관하여 이중으로 고소 또는 고발이 있는 경우에는 진정 사건으로 처리를 하도록 하고 있습니다(검찰사건사무규칙 제223조 제2항 각 호). 반대로 진정인·탄원인이 내는 서류더라도, 검사가 고소·고발의 요건을 갖추었다고 판단하면 고소·고발 사건으로 수리하도록 합니다(검찰사건사무규칙 제3조 제2호).

그러나 사실 실무에서는 그가 낸 서면의 제목이 무엇이냐, 즉 진정서냐 고소장이냐에 따라 진정서는 진정 사건으로, 고소장은 고소 사건으로 처리하는 것이 일반적입니다.

4) 반드시 고소·고발인이 되어야 합니다

고소나 고발을 하지 않고 그저 진정이나 112 피해신고만 해도 무방하지 않나 생각하시는 분들이 많습니다. 수사기관에 범죄 피해를 알린다는 차원에서는 다를 바가 없기는 합니다. 그러나 고소인이나 고발인이 되어야 수사과정에서 다양한 권리를 보장받을 수 있기 때문에 고소인이나 고발인이 되어야 하는 것입니다.

고소·고발인이 되면 수사기관이 피의자뿐 아니라 고소·고발인에게도 사건과 처분의 취지를 통지해야 합니다(형사소송법 제258조). 고소·고발인은 불기소처분에 대해 항고·재항고 및 재정신청을 할 수 있습니다(형사소송법 제260조, 검찰청법 제10조). 후에 법원의 재판에 회부되었을 때에도 일정한 재판절차 참여권 및 진술권이 보장됩니다. 또 형사사건의 진행 과정을 검색할 수 있는 형사사법포털(KICS, http://www.kics.go.kr)에서 조회할 수 있는 정보에도 차이가 있습니다.

다만 경찰이나 검사는 고소·고발 사건에서 혐의가 없다고 볼 경우 고소·고발인의 무고 혐의 유무에 대해 판단해야 하기 때문에, 무고죄로 바로 수사를 당할 수 있는 위험이 있기는 합니다(경찰수사규칙 111조, 검찰사건사무규칙 제117조). 그러나 경찰이나 검사가 직권으로 무고를 인지하는 경우는 흔하지 않으며, 진실된 사실만 고소장이나 고발장에 담았다면 무고 역시 혐의 없다는 처분이 내려집니다.

4. 고소대리인

1) 고소를 대리인에게 맡길 수 있나요?

고소 또는 고소의 취소는 대리인이 하게 할 수 있습니다(형사소송법 제236조). 고소대리는 변호사만 할 수 있는 게 아닌가 생각하실 수 있는데, 꼭 그렇지는 않습니다. 고소인이 법인인 경우 담당 직원을 고소대리인으로 지정할 수도 있고, 공동 피해자의 고소시 모두가 조사 참석이 어려운 경우 그중 1인을 대리인으로 지정할 수도 있으며, 연로한 부모님을 대신해 자식을 고소대리인으로 지정할 수도 있습니다.

대법원은 고소대리인이 고소를 하더라도 위임장을 반드시 제출할 필요가 없다고 봅니다. 대리권이 정당한 고소권자에 의하여 수여되었음이 실질적으로 증명되면 충분하고, 그 방식에 특별한 제한은 없으므로, 고소를 할 때 반드시 위임장을 제출한다거나 '대리'라는 표시를 하여야 하는 것은 아니고, 또 (친고죄의) 고소 기간은 고소대리인이 아니라 정당한 고소권자를 기준으로 고소권자가 범인을 알게 된 날부터 계산하도록 하고 있습니다(대법원 2001. 9. 4. 선고 2001도3081 판결 참조).

그러나 수사 실무에서는 고소인 본인이 위임장을 제출하도록 하고 있습니다(경찰수사규칙 제23조 제1항 및 제3항). 그리고 고소인 출석 조사 시 아예 진술을 대리하게 하는 경우는 드물고, 고소인이 해외 체류 중이거나 출석 진술을 할 수 없는 부득이한 경우가 아니면 조사 시에는 고소인 본인이 출석하여 진술하되, 고소대리인이 입회하여 그 진술을 보조할 수 있습니다.

2) 변호사에게 고소대리를 맡길 때 주의점

변호사를 선임하여 변호사에게 고소대리를 맡기시는 경우 변호사의 역할은 변호사와의 선임계약의 내용에 따라 달라집니다. 과거에는 검찰의 처분(기소/불기소)이 있을 때까지로 약정하는 것이 일반적이었습니다. 이 경우, 통상 검찰의 처분 이후 공판 절차나 항고 절차에 대해서는 새로운 계약 없이 변호사의 도움을 받기 어렵습니다. 그러니 약정 시 고소대리의 범위를 '제1심 판결 선고 시 또는 항고 절차 종료 시까지'로 약정해 이 부분을 분명히 하시는 게 좋습니다. 최근 검경 수사권이 조정된 후 경찰이 1차적 수사 종결권을 갖고 있기 때문에 변호사가 경찰수사 단계만 맡기도 합니다. 이때는 변호사의 역할에 경찰에서 불송치 결정을 내릴 경우 이의신청도 포함되는지를 미리 확인하셔야 합니다.

고소가 아닌 고발인 경우 고발대리는 허용되지 않는다는 판례가 있습니다. 대법원 판결에서는 "고발은 피해자 본인 및 고소권자를 제외하고는 누구나 할 수 있는 것이어서 고발의 대리는 허용되지 않고 고발의 의사를 결정하고 고발행위를 주재한 자가 고발인이라고 할 것이므로 타인 명의의 고소장 제출에 의해 위증사실의 신고가 행하여졌더라도 피고인이 고소장을 작성하여 수사기관에 제출하고 수사기관에 대하여 고발인 진술을 하는 등 피고인의 의사로 고발행위를 주도하였다면 그 고발인은 피고인이다"라고 명시하였습니다(대법원 1989.9.26. 선고 88도1533 판결). 그런데 실무에서는 고발도 변호사에게 대리하여 진행해줄 것을 위임하는 경우도 많이 있습니다.

Q

피해자 변호사? 피해자 신뢰관계인?

범죄 피해자가 변호사에게 고소대리를 맡긴다면, 고소대리인인 변호사가 바로 피해자 변호사가 되겠지요. 이 경우에는 고소대리인과 피해자 변호사가 같다고 할 수 있습니다.

그런데 법률상 '피해자 변호사'라는 용어 자체는 성범죄나 아동학대 관련법에 명시되어 있어 통상 피해자 변호사는 바로 성범죄나 아동학대 사건에서 피해자를 위해 변론하는 변호사를 말합니다. 법은 미성년자인 아동학대 피해자나 성범죄 피해자에 대해 피해자 변호사를 선임할 수 있도록 하고 있는데, 피해자 변호사는 피해 아동뿐만 아니라 법정대리인에 대한 조사에도 참여하여 의견을 진술할 수 있고, 가해자에 대한 공판 절차는 물론이고 구속 전 피의자 신문에도 출석하여 의견을 진술할 수도 있습니다. 피해 아동 및 그 법정대리인의 대리가 허용될 수 있는 모든 소송행위에 대해 포괄적인 대리권이 주어지기도 합니다.

성범죄나 아동학대 범죄에서 피해자 변호사가 선임되어 있지 않다면, 검사가 국선변호사를 선정할 수 있다는 것이 가장 큰 특징입니다. 일반적인 형사사건에서 국선변호인은 가해자에게만 지정될 뿐 피해자에게는 지정이 되지 않기 때문이지요. 그러나 성범죄나 아동학대 범죄에서는 수사 때부터 피해자가 국선변호사를 지정받아 변호사의 도움을 받을 수 있습니다.

'피해자의 신뢰관계인'에 대해서도 알아둘 필요가 있습니다. 범죄 피해자는 피해를 겪은 것 자체가 매우 힘든데 이에 대해 수사기관이나 법정에서 자세히 진술을 해야 할 때가 있습니다. 이 경우 심리적 안정이나 원활한 의사소통에 도움을 줄 사람이 함께 있을 수 있는데, 그 사람을 바로 신뢰관계인이라고 합니다(형사소송법 제163조의2, 제221조 제3항). 가족과 변호사는 당연히 신뢰관계인이 될 수 있고, 그 외에도 피해자의 안정에 도움을 줄 수 있는 사람은 동석할 수 있습니다. 피해자가 성인인 경우에는 요청하지 않는 한 신뢰관계인 없이 진술하는 것이 일반적이지요. 그런데 피해자가 13세 미만이거나 신체적 또는 정신적 장애로 사물을 변별하거나 의사를 결정할 능력이 미약한 경우에는 신뢰관계인이 동석하는 것이 원칙입니다. 신뢰관계인은 동석만 할 수 있을 뿐 진술권은 없습니다.

한편 아동학대나 성폭력범죄의 피해자, 장애인 피해자인 경우 '피해자의 진술조력인' 제도를 활용해 진술조력인에게 동석뿐만 아니라 진술하는 데도 적극적인 도움을 받을 수 있습니다. 진술조력인들은 법무부에서 양성하고 자격을 부여하는 전문가로 피해자나 대리인이 수사기관이나 법원에 진술조력인 선정을 요청할 수 있으며, 선정된 진술조력인은 사전에 피해자와 면담을 거쳐 피해자의 심리 상태나 의사소통 능력을 파악하고 이를 수사기관 또는 법원에 전달합니다. 조사 또는 증언 시에는 피해자

옆에서 피해자가 심리적으로 안정감을 가지고 편하게 진술할 수 있도록 도와줍니다. 또한 피해자가 질문 내용을 이해하지 못하거나 진술하는 데 어려움을 겪을 경우 의사소통을 적극적으로 보조해주기도 합니다.

5. 친고죄와 반의사불벌죄

어떤 범죄에서는 고소가 매우 중요한 의미를 가집니다. 죄가 분명하여도 고소권자의 적법한 고소가 없으면 아예 처벌될 수 없도록 하는 범죄가 있는데, 이러한 죄를 친고죄라고 합니다.

해당 죄가 친고죄인지 아닌지 확인하는 방법은 그 죄를 규정한 법을 보면 됩니다. 친고죄라면 해당 법에 명시가 되어 있기 때문입니다. 대표적인 친고죄로는 사자 명예훼손죄(형법 제308조), 모욕죄(형법 제311조), 업무상 비밀누설죄(형법 제317조), 저작권법 위반죄(영리·상습적 저작재산권 침해죄의 경우 제외), 의료정보 누설 금지의무 위반죄(의료법 제88조 제1호) 등이 있습니다.

죄 자체가 친고죄는 아니지만, 피해자와 가해자의 관계에 따라 형이 면제되거나 친고죄가 되는 경우도 있습니다. 재산범죄(절도, 사기, 공갈, 횡령, 배임, 장물, 권리행사방해 포함. 강도 및 손괴 제외)가 그 예입니다. 형법은 직계혈족이나 배우자, 동거 친족, 동거 가족 또는 그 배우자 간에 발생한 재산범죄에 대해서는 형을 면제하고 그 외의 친족 간에 벌어진 재산범죄는 친고죄로 규정하고 있습니다(형법 제328조, 제344조). 이 규정을 친족상도례라고 합니다.

이러한 친고죄에서는 적법한 고소가 아주 중요하겠지요. 실무에서 고소의 적법성 문턱을 넘을 때 가장 문제되는 게 바로 고소기간입니다. 친고죄의 고소기간은 범인을 알게 된 날로부터 6개월입니다(형사소송법 제230조). 범죄 발생일로부터 6개월 내에 고소했다면 문제가 없지만, 그 이후에 고소가 되었을 때 고소기간을 경과하지 않았는지가 쟁점이 됩니다.

고소기간의 시작점이 되는 '범인을 알게 된 날'이란, 고소권자가 고소할 수 있도록 범인이 누구인지 특정할 수 있을 정도로 알게 되고, 범죄의 피해가 있었다는 사실관계에 관하여 확정적인 인식을 하게 된 날을 말합니다(대법원 2010. 7. 15. 선고 2010도4680 판결). 이때 범인의 성명, 주소, 연령 등까지 알 필요는 없고 범인의 동일성을 식별할 수 있을 정도로 인식하면 되는 것으로 봅니다(대법원 1993. 4. 23. 선고 99도576 판결).

그러니 범죄 피해가 있었다는 것을 알았고 그 범죄가 친고죄라면 바로 고소를 하시는 것이 좋습니다. 범인의 인적 사항까지 특정하고자 찾아다니다가는 고소기간을 놓쳐버릴 수 있기 때문입니다.

한편 피해자가 '처벌을 원하지 않는다'라는 말만 하면 처벌할 수 없는 범죄가 있습니다. 이를 반의사불벌죄라고 합니다. 반의사불벌죄는 친고죄는 아니기 때문에 공소시효 기간 내에 고소한다면 고소기간은 문제가 되지 않습니다.

대표적인 반의사불벌죄로는 폭행죄(형법 제260조), 협박죄(형법

제283조), 명예훼손죄(형법 제307조), 특허침해죄 등이 있습니다.

6. 고소의 취소 또는 처벌불원의사의 표시

친고죄와 반의사불벌죄에서 가장 주의해야 할 사항은 고소를 취소하거나 처벌불원의사(처벌을 원하지 않는다는 뜻)를 표시하는 것입니다. 피해자가 한 번이라도 고소를 취소하거나 처벌불원의사를 표시하면 가해자는 처벌도 되지 않고, 피해자가 이 의사를 번복할 수도 없기 때문입니다. 가해자가 '나중에 돈을 주겠으니 일단 고소취소장(처벌불원서)만이라도 좀 적어달라'라고 하여 적어줬는데 그 약속이 이행되지 않아 후회하시는 분들도 많습니다.

그런데 본인이 아니라 대리인도 고소 취소나 처벌을 원하지 않는다는 말을 할 수 있을까요? 고소 취소는 대리인이 할 수 있다는 법 조항이 있으나(형사소송법 제236조), 처벌불원의 의사 표시에 대해서는 대리인에 관한 근거 조항이 없어 해석이 분분했지요. 그런데 최근 대법원은 전원합의체 판결로 반의사불벌죄에서 처벌불원의 의사 표시는 대리인이 할 수 없다고 결론을 내렸습니다. 피해자가 의식불명이 되어 성년후견인이 선임되었고 그 성년후견인이 소송행위에 대한 가정법원의 허가를 받았더라도 피해자를 대리하여 처벌불원의 의사 표시를 할 수는 없다고 보았지요. 다만, 성년후견인과 원만히 합의를 한다면 피고인이 양형에서 유리한 요소로 인정받을 수는 있다고 합니다(대법원 2023. 7.

17. 선고 2021도11126 전원합의체 판결).

한편, 고소의 취소나 처벌불원의 의사 표시로 가해자를 처벌할 수 없는 것은 1심 판결 선고 전까지입니다. 그러니 가해자의 항소심 재판에서 고소 취소 등이 들어가도 이는 양형 사유일 뿐 아예 처벌을 면하지는 못합니다.

가해자가 여러 명일 때 고소인은 그중 한 명에 대해서만 선택하여 고소를 취소할 수 없으니 가해자들 모두를 용서할 때만 고소 취소를 해주셔야 합니다(형사소송법 제232조).

물론, 지금 말씀드린 내용은 친고죄와 반의사불벌죄에만 적용되는 규칙입니다. 그 외의 일반 범죄에서는 고소를 취소하였다가 다시 고소하거나 처벌을 원한다고 번복할 수 있습니다. 다만, 수사기관은 친고죄가 아니더라도 고소취소장이 들어오면 각하나 혐의 없음 처분을 바로 내리기도 하는데, 그 이후에 다시 고소장을 내면 처벌이 잘 되지 않을 때가 많으니 친고죄든 아니든 고소 취소는 늘 신중히 해야 합니다.

7. 고소인이 써야 하는 비용과 시간

법원에 소장을 제출할 때는 인지대, 송달료 등 비용을 내야 하지만, 고소장을 제출할 때는 이러한 비용을 내지 않습니다. 다만, 고소사실에 따라 적절한 증거를 내기 위해 녹취록을 작성하거나 디지털 포렌식 등을 할 때 비용을 내야 할 수는 있습니다. 고소장 제출이나 고소대리를 변호사에게 맡긴다면, 변호사 보수를 지불해야 할 수 있습니다.

고소인이 되면 고소장을 작성하고 증거를 수집하는 데 시간이 듭니다. 고소장 제출만 하면 더 드는 시간이 없겠거니 생각하실 수 있는데, 그렇지 않습니다. 일단 대부분의 사건에서 수사관은 고소인을 최소 한 번 불러서 고소장에 적힌 사실을 확인합니다. 필요하면 추가로 불러서 물어보기도 하고, 고소인과 피의자를 나란히 앉혀 놓고 번갈아 질문하는 대질조사를 하기도 합니다. 해당 사건이 재판으로 넘어갔는데 가해자가 무죄를 주장하면 증인으로 나가 진술해야 해서 또 시간이 소요됩니다.

그래서 총 걸리는 시간이 대략 얼마일지 아주 궁금하실 겁니다. 그런데 사건을 경찰이나 검찰에서 처리하는 데에 걸리는 시간은 경찰서나 검찰마다, 사건마다, 담당 수사관마다 천차만별이어서 평균 소요 기간을 산출하기가 어렵습니다. 검·경 수사권 조정 이후 경찰에 사건이 몰리고 검찰로 송치가 되어도 보완수사 명령을 내려 다시 경찰로 보내기에 더 시간이 오래 걸리게 되었습니다. 겨우 공판에 가더라도 피고인이 재판에서 무죄를 다투면 1심 법원에서 대법원까지 최대 세 번 다툴 기회가 주어집니다. 그러니 최종 결과를 기다리는 고소인 입장에서는 속이 타고 피가 마를 수밖에 없습니다. 고소부터 최종 결과까지 몇 년씩 걸리는 일도 많습니다.

2장   고소장을 제출하자

1. 어디에 내야 할까요?

이제 공들여 완성한 고소장을 수사기관에 제출해봅시다. 먼저,
고소장을 경찰서에 제출할지 검찰청에 제출할지부터 결정해야
합니다. 원래는 두 기관 중 아무 데나 내도 되었는데, 2020년 및
2022년 형사소송법과 검찰청법이 크게 개정되면서 검사가 수사
를 개시할 수 있는 범죄가 일부 범죄로 한정이 되었습니다. 법률
만 보면 2020년도보다 2022년도에 검사의 수사 개시 범위가 좁
아진 듯하나, 대통령령에서 범죄 개념을 재정의하여 사실상 더
넓어진 거나 다름없습니다. 그러니 현재 규정에 의하면 일반적으
로 알려진 거의 모든 범죄에 대해 검사가 수사를 개시할 수 있습
니다.

그러나 검사가 수사를 '개시할 수 있다'라는 것과 '반드시 개시해야 한다'라는 것은 다릅니다. 검사 수사 개시 범위에 해당하는 죄명에 대해 검찰에 고소장을 제출하더라도 검찰에서 '타관 이송'하여 경찰서로 보내는 일이 많습니다. 심지어 경찰공무원의 범죄에 관한 고소장에 대해서도 경찰청으로 보낸 일도 있습니다.

그러니 검찰에 내더라도 시간만 지체될 우려가 있으니 바로 경찰서에 내는 것이 더 바람직할 수 있습니다.

고소장은 아무 경찰서에나 제출해도 될까요? 이에 대한 정답은 의외로 '네, 그렇습니다'입니다. 규정상 경찰관은 관할이 있든 없든 사건을 접수하여야 한다고 되어 있으니까요. 그래도 재판을 받게 하려면 관할이 있어야 해서 사건을 접수받더라도 관할이 없으면 관할이 있는 경찰서로 사건을 이송하는 게 일반적입니다. 법은 범죄지, 피의자나 피고소인의 주소지, 거주지, 또는 현재 있는 곳(현재지)에 관할이 있다고 보고 있어 한 개의 사건에 대해서도 여러 개의 경찰서가 관할을 갖기도 합니다. 경찰관은 주로 피고소인의 주소지나 현재지로 사건을 보냅니다. 그러니 어차피 사건이 이송되어 시간이 지체될 것을 생각한다면, 피고소인의 주소지를 알고 있을 때에는 가급적 피고소인의 주소지 관할 경찰서에 고소장을 내면 좋습니다.

2. 접수방법

고소장 접수방법은 크게 ①방문 접수, ②(등기)우편 접수, ③인터넷 접수로 구분할 수 있습니다.

방문 접수는 경찰서에 직접 방문해서 민원실에 접수하는 방법을 말합니다. 가장 일반적인 고소장 제출방식이지요. 이때 경찰관과의 간단한 상담을 거치는 경우도 있습니다.

우편 접수는 우편으로 고소장을 수사기관에 보내는 것인데요. 우체국에서 발신부터 수신까지의 전 과정을 기록 관리하는 등기우편으로 취급하는 것이 바람직합니다. 우편물이 경찰에 도착하면, 2~3일 뒤에 담당 수사관이 배정이 됩니다.

인터넷 접수는 정부의 문서24 사이트(홈페이지: https://open.gdoc.go.kr)에서 고소장을 제출하는 방법입니다. 문서24에서 제공하는 공문 양식을 이용해 공문을 간단히 작성하고, 고소장과 증거자료는 붙임으로 첨부하면 됩니다.

특수한 범죄에서 범죄사실을 접수하는 방법이 있어 안내해 드리겠습니다. 이른바 사이버범죄라고도 하는 정보통신망 침해 범죄(해킹, 서비스 거부 공격—DDoS 공격 등, 악성프로그램, 기타 신종 정보통신망 침해형 범죄)와 정보통신망에 불법 콘텐츠를 유포하는 범죄(사이버성폭력, 사이버도박, 사이버명예훼손·모욕, 사이버스토킹, 기타 불법 콘텐츠 범죄)는 사이버범죄 신고시스템(ECRM, Electronic Cybercrime Report & Management system, 홈페이지: https://ecrm.cyber.go.kr)에 신고할 수도 있습니다. 단, 사이버수사대에 신고만

문서24

수신   경찰서장

제목 고소장(사기)

1. 귀 기관의 무궁한 발전을 기원합니다.

2. 변호사 이OO은 고소인   의 위임을 받아 고소장(죄명 : 사기)을 제출하오니 철저히 수사하여 엄정히 처벌하여 주시기 바랍니다.

3. 첨부서류는 아래와 같습니다.
  가. 고소장및입증방법
  나. 고소위임장, 변호사협회경유확인서, 변호사등록증명, 고소인 및 변호사 신분증
끝.

붙임1. 고소장및입증방법 .pdf
붙임2. 위임장 변협경유확인 변호사등록증명 .pdf   끝.

이 O O   **직 인 생 략**

제출자 이 OO

시행   2022. 11. 1.   접수

우   서울시

전화번호 02-0000-0000   / abc123@gmail.com   / 비공개(6)

했다고 사건이 자동으로 접수되고 고소인이 되는 것이 아닙니다. 그러니 신고 접수 후 14일 내에 담당 수사기관이 지정되었는지 확인하고, 신고인이 경찰서에 방문해 증거자료를 접수하여야 합니다.

경찰 민원포털의 국민신문고 범죄신고(홈페이지: https://min won.police.go.kr)에 범죄 신고를 하거나 법무부 형사사법포털의 전자민원신청 메뉴(홈페이지: https://www.kics.go.kr)에서 진정서를 제출하는 방법도 있는데, 이 방법은 피해자가 고소할 때보다는 피해자의 가족이나 제3자가 범죄의 단서를 제보하려 할 때 고려 해볼 수 있는 방법입니다.

3. 고소장 반려에 대한 대처 방법

어렵게 고소장을 작성해서 경찰서에 들고 갔으나, 경찰서 민원실에서 상담한 경찰이 "내가 보기엔 범죄가 안 된다"라거나 "증거가 부족하다"라는 등의 이유를 들면서 고소장을 받아주지 않고 그냥 돌려보내는 경우가 적지 않습니다.

그런데 내가 정말 피해를 당했고 억울하다면 '경찰이 하는 말이니 맞겠지' 하고 무조건 고소장 반려 조치를 따를 것이 아니라, 적절히 대응을 해야 할 것입니다.

형사소송법 제238조는 "사법경찰관이 고소 또는 고발을 받은 때에는 신속히 조사하여 관계 서류와 증거물을 검사에게 송부하여야 한다"라고 규정해 원칙적으로 경찰관에게 접수 및 수사 개시 의무를 부과하고 있습니다. 하지만 경찰이 고소장을 접수하지 않고 예외적으로 반려할 수 있는 근거가 경찰청의 범죄수사규칙에 있습니다.

경찰청 범죄수사규칙(경찰청훈령)

제50조(고소·고발의 반려) 경찰관은 접수한 고소·고발이 다음 각호의 어느 하나에 해당하는 경우 고소인 또는 고발인의 동의를 받아 이를 수리하지 않고 반려할 수 있다.

1. 고소·고발 사실이 범죄를 구성하지 않을 경우
2. 공소시효가 완성된 사건인 경우
3. 동일한 사안에 대하여 이미 법원의 판결이나 수사기관의 결정(경찰의 불송치 결정 또는 검사의 불기소 결정)이 있었던 사실을 발견한 경우에 새로운 증거 등이 없어 다시 수사하여도 동일하게 결정될 것이 명백하다고 판단되는 경우
4. 피의자가 사망하였거나 피의자인 법인이 존속하지 않게 되었음에도 고소·고발된 사건인 경우
5. 반의사불벌죄의 경우, 처벌을 희망하지 않는 의사 표시가 있거나 처벌을 희망하는 의사가 철회되었음에도 고소·고발된 사건인 경우
6. 형사소송법 제223조 및 제225조에 따라 고소 권한이 없는 사람이 고소한 사건인 경우. 다만, 고발로 수리할 수 있는 사건은 제외한다.
7. 형사소송법 제224조, 제232조, 제235조에 의한 고소 제한 규정에 위반

> 하여 고소·고발된 사건인 경우. 이때 형사소송법 제232조는 친고죄 및
> 반의사불벌죄에 한한다

경찰관은 위 규칙 제50조 각호의 사유가 인정되고 고소인 또는 고발인의 동의가 있으면 고소장을 접수하지 않고 반려할 수 있습니다. 내가 동의하지 않았는데도 고소장을 반려하면 이는 위 규칙이 정하는 요건을 갖추지 못한 반려로서 위법합니다.

고소인 또는 고발인의 명시적 동의 없이 고소장을 반려하는 사례가 증가하면서 국민권익위원회 경찰옴부즈만의 고소·고발 반려 절차 전반에 대한 개선 권고가 있었고, 경찰청 자체적으로 제도를 개선하여 현재는 고소인 또는 고발인의 서면 동의를 받은 후 반려하도록 하고 있는데요. 서면 동의를 받았다고 하여 문제점이 전부 해결되었다고 보기는 어렵습니다.

범죄수사규칙 제50조 제1호에서는 "고소·고발 사실이 범죄를 구성하지 않을 경우" 반려할 수 있다고 정하고 있는데, 고소장 접수 단계에서 민원실 경찰이 고소사실이 범죄를 구성하는지 여부를 판단하기가 어려운 때가 많기 때문입니다. 즉 접수 단계에서 상담한 경찰의 자의적 판단이나 예단, 편견이 개입되어 피해자의 고소권을 침해당할 수도 있다는 것입니다. 그렇기 때문에 고소장 반려에 동의하기 전 반려 사유를 확인하고, 반려 사유가 제50조 제1호라면 경찰 측으로부터 충분히 설명을 듣고 법률전문가의 조력을 받아 고소장과 증거를 재구성해 다시 제출해보시기 바랍

니다.

한편, 경찰관이 고소인의 의사에 반하여 서면 동의를 받지 않고 반려한 경우, 반려 사유를 충분히 설명해주지 않고 반려한 경우에는 반려한 경찰관과 국가를 상대로 손해배상책임을 물은 사건도 있었습니다(수원지방법원 2019. 11. 7. 선고 2019나56678 판결, 대법원 2021. 4. 29. 선고 2019다296790 판결).

3장   증거는 어떻게?

1. 증거의 제출 시기

고소장을 낼 때는 증거도 함께 첨부하여 내는 것이 일반적입니다. 그러나 고소장을 낸 다음에도 수사 중에는 언제든지 고소인이 추가 증거를 제출할 수 있으니 증거 제출 시점은 크게 걱정하지 않으셔도 됩니다. 공판 단계에서도 공판검사를 통해 증거를 낼 수 있는데, 공판검사의 판단에 따라 법원에 제출되지 않을 수도 있습니다.

2. 좋은 증거란?

가해자에 대한 처벌을 이끌어내려면 좋은 증거를 내야겠지요. 특히 형사사건은 결과가 신변에 미치는 영향이 매우 크고, 피의자나 피고인은 '진실을 말해야 할 의무'가 없기 때문에 죄를 감추기 위해 거짓말을 할 때가 많습니다. 최근에는 법률서비스가 대중화되어 고소당한 가해자는 경찰을 만나기 전 변호사를 먼저 만나 상담을 받고 철저히 준비를 한 다음 조사를 받으러 가는 경우가 많아 가해자와 그 변호인을 상대로 싸워 확실한 처벌을 이끌어내려면 좋은 증거가 더욱더 필요합니다.

증거의 생명은 바로 '객관성'입니다. 내가 직접 가해자의 평소 행실이나 주변 평판 등을 장황하게 적은 진술서를 가져와 강력한 증거라고 주장하는 분들이 있습니다. 피해자의 피해 내용에 대한 진술이 증거가 될 수 있기는 하나, 피해자가 상대방을 인격적으로 비난하고 있다면 수사관 입장에서는 '평소 감정이 좋지 않아서 고소를 했나'라는 생각이 들 수가 있으니 주의할 필요가 있습니다.

목격자의 진술이 중요한 증거라는 것은 다들 아실 것입니다. 목격자는 현장에서 사건을 목격한 사람입니다. 그렇다면 사건 현장에 없었던 사람은 목격자가 아니고, 그의 진술은 중요한 증거가 될 수 없는 것이지요. 특히, 사건을 목격하지 않은 우리 부모님, 친한 친구가 쓴 진술서는 증거라고 할 수 없습니다. 고소인과 친한 사람들이 고소인으로부터 전해 들은 내용을 바탕으로 진술서를 써주었다면 아예 증거로 쓰일 수 없기도 합니다.

간혹 사건을 직접 경험한 사람의 진술이 아니더라도, 사건 직후 피해자로부터 피해 내용을 들은 사람은 중요 참고인이 될 때가 있기도 합니다. 비록 직접 사건을 경험하지는 않았더라도 피해자 진술의 신빙성을 파악하는 증거가 되기 때문입니다.

피고소인의 진술서나 고소인과 피고소인의 대화도 좋은 증거가 될 때가 있습니다. 최근에는 당사자 간 대화 녹음(또는 녹취록)이나 메신저 대화 캡처 화면을 낼 때가 많습니다. 그런데 사건과 직접 관련성이 없는 대화가 너무 많이 들어 있거나, 사건 발생일로부터 시간이 많이 흐른 다음 피해자가 가해자에게 전화해 일방적으로 추궁하고 가해자는 "네" "잘못했습니다" 정도로 단답으로 대답을 하거나, 가해자를 만나 '각서를 써라'라고 하여 받아낸 종이를 낸다면, 좋은 증거가 되지 않을 수도 있습니다. 보통 이런 경우 가해자는 "당황스러워서 상황을 모면하고자 그렇게 대답하였을 뿐 진의는 아니었다" "피해자가 무엇을 이야기하는지 잘 몰랐다" "기분이 나빴다면 미안하다는 도의적인 사과를 하였을 뿐 혐의를 인정한다는 뜻이 아니다"라고 변명하여 증거로 쓰이지 못할 수도 있기 때문입니다.

여간해서는 조작하기 어려운 대표적인 객관적 증거로 등기부 등 공문서의 기재, 공증 문서, 전문가의 생체정보 감식 결과나 의료기록, 디지털 증거의 포렌식 결과 등이 있습니다. 이 경우에도 증거 조작의 의심을 없애기 위해 원본을 내시는 것이 좋습니다.

이처럼 좋은 증거란 단순히 내 편을 들어주는 증거가 아니라,

사건을 전혀 모르는 제3자의 입장에서 보기에 내 주장이 타당하고 합리적이라고 믿는 데 도움이 되는 증거라고 할 수 있습니다. 변호사나 수사관, 재판부도 제3자입니다. 객관적 증거는 변호사 상담, 고소장 제출 단계에서부터 매우 강력한 힘을 발휘합니다.

3. 증거가 없는데 고소할 수 있나요?

어떤 피해자는 본인 사건에는 증거가 없는데 고소를 해도 되냐는 질문을 하십니다. 주로 성범죄 피해자들이 많이 하시는 말씀이지요. 이는 제3의 목격자가 있거나 CCTV 영상과 같이 범죄 현장을 담은 증거만이 증거로 가능하다고 생각하시기 때문입니다. 그러나 범죄 피해를 당한 피해자 본인의 진술은 형사사건에서 가장 중요한 증거입니다. 그 피해자의 진술이 범죄사실에 부합하는 유일한 증거일지라도 진술이 일관되고 합리적이며, 허위 진술을 할 동기나 이유가 분명하게 드러나 있지 않다면 유죄판결이 선고되기도 합니다.

4. 제3자 진술은 어떻게 내야 할까요?

어떤 분들은 '목격자를 데리고 경찰서에 가겠다'라고 하시는 경우가 있는데, 경찰서에 가도 그 자리에서 기회를 주지 않는 것이 일반적입니다. 그러니 제3자 진술을 내고 싶으시다면 그에게 진술을 적어달라고 부탁한 다음 그 진술서를 증거로 첨부하면 됩니다. 진술서 부탁이 어렵다면, 그와 전화 통화를 하거나 만나서 대화한 것을 녹음한 다음 그 음성파일을 CD에 담아 증거로 제출해도 됩니다. CD만 내면, 수사관에 따라서는 녹취록을 만들어 제출해달라고 하는 경우도 있습니다. 그마저 어렵다면, 고소장에 '갑이 이 사건을 알고 있다'라고 적시하시면 됩니다. 수사관이 고소장을 읽어보고 필요하다면 갑에게 직접 연락을 하기도 하니, 이를 대비하여 고소장에 갑의 전화번호도 함께 기재하는 것이 좋습니다.

진술서 작성법에 대해 문의하시는 분들이 많아 조금 더 자세히 알려드리겠습니다. 진술서든 사실확인서든 제목은 상관없습니다. 다만 그 내용에 범죄사실과 관련하여 직접 경험한 내용이 적혀 있어야 하는 것이지요. 너무 추상적으로 적으면 증거로서 가치가 미미해질 수도 있지만, 그렇다고 너무 구체적으로 적었다가는 훗날 경찰 진술조서를 작성할 때나 법원 증인신문 때 진술이 번복될 수도 있고 그 결과 발목을 잡힐 수도 있습니다.

방금 말씀드린 바와 같이, 수사기관에 진술서 형태로든 전화 통화로든 진술을 해버리면 훗날 수사기관이 다시 소환하여 질문을 하거나 법원에서 증인으로 부를 수도 있으니 제3자에게 진술서를 받기 전에 이 점에 대해 양해를 구할 필요가 있습니다.

5. 위법하게 증거를 수집하지 않도록 주의하세요

증거능력이라는 말에 대해 들어보셨는지요? 증거능력이란 재판에서 증거로 쓰일 수 있는 자격을 의미합니다. 아무리 증거를 많이 내도 증거로 쓰일 수 없는 증거, 즉 증거능력이 없는 증거만 있다면, 법원은 유죄판결을 선고할 수 없습니다.

위법하게 수집된 증거도 증거능력이 없는 증거입니다(형사소송법 제308조의2). 실무에서도 간혹 무리하게 증거를 확보하다가 오히려 그 증거가 위법하게 수집된 증거가 되어 증거능력이 문제될 때가 있습니다. 사실 경찰이나 검찰과 같은 수사기관이 아닌 개인이 수집한 증거는 수집 과정이 위법하더라도 무조건 증거능력이 없다고 보지는 않습니다. 그 증거로 달성하고자 하는 실체적 진실 발견이라는 공익과 그 증거로 인해 침해되는 개인의 인격적 이익 등 보호법익을 비교하여 공익이 더 크다고 인정되면 증거능력을 갖출 수 있습니다. 이런 과정을 거쳐 증거능력이 인정될 수도 있기는 하나, 증거능력이 문제되는 상황을 미연에 방지하면 더 좋겠지요. 뿐만 아니라 증거를 무리하게 확보하다가 오히려 다른 범죄의 가해자로 역공을 당할 수 있으니 더욱 주의할 필요가 있습니다.

실무에서 증거 수집을 무리하게 하다가 문제가 되는 대표적인 예를 몇 가지 알려드리겠습니다.

- 앞에서 목격자의 진술을 확보하기 위해 진술을 녹음해도 된

다고 했는데, 대화 당사자가 아닌 제3자가 녹음을 하였다면 타인 간의 대화를 비밀 녹음한 것에 해당하여 그 녹음 파일은 증거능력을 갖출 수 없습니다(통신비밀보호법 제3조 제1항).

- 우연히 다른 사람의 컴퓨터에 메신저 프로그램이 켜져 있는 것을 보게 되어 메신저 대화를 스크롤하고 대화 내용 일부를 사진으로 찍은 다음 증거로 낸 경우가 있는데 이렇게 확보한 사진 증거는 위법하게 수집한 증거가 될 수 있으며, 나아가 이 행위가 타인의 비밀을 침해한 것에 이르러 형사처벌을 받을 수 있습니다(정보통신망 이용촉진 및 정보보호 등에 관한 법률 제71조 제1항 제11호, 제49조).

6. 피고소인이나 제3자가 갖고 있는 증거의 확보 방법

앞의 사례에서 눈치채셨겠지만, 증거를 위법하게 수집하는 일은 주로 가해자나 제3자가 가진 증거를 확보하려다가 발생합니다. 고소인 본인이 증거를 갖고 있지 않아 증거를 제출할 수 없더라도 고소장에 '이러이러한 증거가 반드시 필요하고 이 증거를 누가 갖고 있으니 확인해주세요'라고 언급하면, 수사관은 증거를 소지하고 있는 사람에게 임의제출을 요구하거나 압수·수색 영장을 신청 또는 청구하는 방식으로 증거를 확보합니다. 그러니 너무 무리하게 직접 증거 확보를 하려는 시도는 하지 않아도 됩니다.

▶ 경찰수사규칙 별지 제63호서식 압수·수색·검증영장 신청서

■ 경찰수사규칙 [별지 제63호서식]

소 속 관 서

제 0000-00000 호   0000.00.00.

수 신 : 검찰청의 장

제 목 : 압수.수색.검증영장 신청서(사전)

다음 사람에 대한 죄명 피(혐)의사건에 관하여 아래와 같이 압수 · 수색 · 검증하려
하니 0000.00.00.까지 유효한 압수 · 수색 · 검증영장의 청구를 신청합니다.

피 (혐) 의 자	성 명	
	주 민 등 록 번 호	
	직 업	
	주 거	
변 호 인		
압 수 할 물 건		
수색 · 검증할 장소, 신체 또는 물건		
범죄사실 및 압수 수색 · 검증을 필요로 하는 사유		
7일을 넘는 유효기간 을 필요로 하는 취지와 사유		
둘 이상의 영장을 신청하는 취지와 사유		
일출 전또는 일몰 후 집행을 필요로 하는 취지와 사유		
신체검사를 받을 자 의 성 별 · 건 강 상 태		
비 고		

소속관서

사법경찰관 계급

210mm × 297mm(백상지 80g/㎡)

4장

고소장 제출,
그다음은?

1. 고소인 조사

1) 경찰서에 나가서 진술을 해야 합니다

고소장이 접수되고 담당 수사관이 배정되면 수사관에게서 연락
이 옵니다. 그런데 간혹 수사관의 사정에 따라 연락이 늦어질 수
도 있습니다. 고소인은 고소장 접수 후 먼저 경찰서에 연락하여
고소장이 잘 접수되었는지, 배정된 담당 수사관이 누구인지 확인
하고, 담당 수사관에게 고소장에 미비한 사항은 없는지, 고소인
진술조사 일정은 언제인지 먼저 물어보시는 것이 좋습니다.

규정상 수사관은 서면으로 고소장을 냈을 때에는 추가 진술이
필요하다고 판단하는 경우에만 고소인 진술조서를 작성하도록
되어 있는데, 대부분 추가 진술이 필요하다고 판단을 하고 고소

인에게 출석을 하라고 하지요. 또 고소대리인으로 제3자나 변호사를 선임하셨더라도 고소인이 직접 나가는 것이 원칙입니다. 다만, 고소인이 법인일 경우 법인의 대표 또는 법인을 대리하여 고소를 담당한 직원(주로 법무팀 소속)이 출석하여 진술합니다.

고소인 조사에서 수사관은 고소인에게 질문하고 답변 내용을 적습니다. 이를 고소인 진술조서라고 합니다. 수사관은 범죄사실에 대해 궁금한 점을 묻고, 제출한 증거를 제시하면서 설명하라고 하기도 합니다. 또 현재까지 피해 회복이 되었는지를 묻거나 처벌 의사에 대해서도 확인을 하지요.

이때, 빌린 돈을 받지 못한 건과 같이 돈 문제로 고소한 사람에 대해서는 수사관이 "돈 받으면 처벌을 원하지 않으시는 건가요?"라고 물어볼 때가 많습니다. 그런데 여기서 덜컥 '네'라고 대답을 했다가는 수사관에게 민사로 해결할 사건을 형사 고소한 건이 아니냐는 인상을 심어줄 수가 있으니 주의하시기 바랍니다.

2) 영상녹화, 꼭 해야 할까요?

고소인들은 영상녹화 존재 사실을 모르고 갔다가 그 자리에서 영상녹화를 할지 여부를 결정해야 하는 상황에 처합니다. 진술조서를 쓰기 직전, 수사관은 '영상녹화를 원하시나요?'라고 물어보니까요. 영상녹화를 하면 조사 시작부터 조서를 마칠 때까지 모든 과정이 녹화되며, 조사를 받는 사람의 얼굴과 음성이 식별되도록 합니다.

가해자 처벌의 증거 확보를 목적으로 영상녹화를 할 이유는 없

▶ 경찰수사규칙 별지 제29호서식 진술조서

■ 경찰수사규칙 [별지 제29호서식]

진 술 조 서

성   명 :

주민등록번호 :

직   업 :

주   거 :

등록기준지 :

직 장 주 소 :

연 락 처 : 자택전화   휴대전화

          직장전화   전자우편(e-mail)

위의 사람은 피의자성명에 대한 죄명 피의사건에 관하여 0000.00.00. 소속관서명+
부서명에 임의 출석하여 다음과 같이 진술하다.

1. 피의자와의 관계

저는   와 ○○○ 관계에 있습니다.

1. 피의사실과의 관계

저는 피의사실과 관련하여 ○○○ 자격으로서 출석하였습니다.

이 때 진술의 취지를 더욱 명백히 하기 위하여 다음과 같이 임의로 문답하다.

210㎜ × 297㎜(백상지 80g/㎡)

습니다. 어차피 고소인이 수사기관에서 한 진술을 담은 영상녹화물 자체가 가해자 처벌의 증거로 쓰이지는 않기 때문입니다. 과거에는 미성년자나 장애인인 성범죄 피해자에 대해서는 피해자 조사 과정에 동석하였던 신뢰관계인이나 진술조력인이 법정에서 영상녹화물이 진정하게 성립되었음을 인정하면 영상녹화물 자체가 증거로 쓰일 수 있었는데 헌법재판소가 해당 근거 조문이 위헌이라고 선언하여 성범죄 피해자가 미성년자거나 장애인이라고 하더라도 그의 진술을 담은 영상녹화물이 증거로 사용될 수가 없습니다(헌법재판소 2021. 12. 23. 2018헌바524 결정).

영상녹화를 하면 무조건 좋냐고 물으신다면, 반드시 그런 건 아니라고 답변드릴 수밖에 없습니다. 실무에서 영상녹화 촬영을 진행해보면, 녹화가 진행되고 있다는 사실 자체로 긴장이 되어 편하게 진술을 하지 못하시는 분들을 종종 봅니다. 물론 그렇다고 영상녹화가 아예 무용지물이라는 것은 아닙니다. 수사과정에서 인권침해를 확인하거나 진술자의 기억을 환기시킬 수 있다는 것이지요. 사실 고소인에게 처음부터 수사를 제대로 할 의지가 없음을 드러내는 수사관도 종종 있는데, 수사관이 이와 같이 행동하는 것을 막거나 그 증거를 잡기 위해서 영상녹화가 필요할 수도 있습니다.

▶ 경찰수사규칙 별지 제35호서식 영상녹화 동의서

■ 경찰수사규칙 [별지 제35호서식]

영 상 녹 화 동 의 서

진술자	성 명		주민등록번호	
	주 거			

상기인은 죄명 피의사건에 관하여 피의자.참고인.피해자로서 진술하면서 진술

내용이 영상녹화됨을 고지받고 강제적인 압력이나 권유를 받음이 없이 영상

녹화하는 것에 동의합니다.

0000.00.00.

성 명 :   ㉑

소속관서장 귀하

210㎜ × 297㎜(백상지 80g/㎡)

2. 피의자 수사

1) 수사관은 피의자를 불러 고소 내용을 확인합니다

수사관은 고소인의 진술이나 다음 범죄를 의심할 만하다고 판단이 되면 입건합니다. 입건을 하면 피고소인은 피의자가 됩니다. 입건 후 경찰은 피의자를 불러 혐의 사실에 대해 질문하고 이에 대한 피의자의 답변을 듣는 방식으로 조사하고, 그 내용을 피의자 신문조서로 기록합니다.

2) 피의자의 진술거부권 및 변호인 조력권

고소인 신문 때와는 달리, 피의자 신문 때 수사관이 피의자에게 반드시 고지해야 하는 내용이 있는데, 그 첫 번째가 진술거부권입니다. 일체의 진술을 하지 아니하거나 개개의 질문에 대하여 진술을 하지 아니할 수 있다는 것, 진술을 하지 아니하더라도 불이익을 받지 아니한다는 것, 진술을 거부할 권리를 포기하고 행한 진술은 법정에서 유죄의 증거로 사용될 수 있다는 것을 분명히 고지하고 이에 대한 답변을 피의자 신문조서에 기재하도록 하고 있습니다.

고소인 입장에서는 '왜 죄인에게 저런 권리를 주냐'라는 생각이 드실 수 있습니다. 사실 진술거부권 행사는 일종의 '양날의 검'일 수 있습니다. 법상으로는 진술거부권 행사로 불이익을 받지 않도록 되어 있기는 하나, 수사관 입장에서는 피의자가 시종일관 또는 불리한 질문에만 진술을 거부할 경우 좋지 않은 인상을 가질 수밖에 없으니까요. 또 피의자가 되었다는 것 자체가 '범죄를 저질렀다는 의심'을 받는다는 뜻인데, 진술거부권 행사는 이에 대한 변명할 권리를 스스로 포기하는 것과 같습니다. 이러한 점들 때문에 실무에서 피의자가 진술거부권을 행사하는 일은 많지 않으니, 고소인이 '피의자가 진술거부권을 행사하면 어쩌나'라고 미리 염려할 필요는 없습니다.

또 신문받을 때 변호인을 참여하게 하는 등 변호인의 조력을 받을 수 있다는 것도 고지하고 역시 이 답변을 조서에 기재합니다. 변호인 조력권을 행사하려는 분들은 조사 날짜를 잡기 전에 '변호사를 선임하여 함께 가겠다'라고 말하는 것이 일반적입니다. 미리 말하지 않았더라도 조사 당일에 '변호사와 동석하여 받겠다'라고 말하고 조사를 미루기도 합니다.

고소인 입장에서는 피의자가 하루빨리 죄를 자백해도 모자랄 판에, 변호사를 선임한다고 하면서 조사를 미루면 매우 답답할 수밖에 없습니다. 그러나 이는 헌법뿐만 아니라 형사소송법에서 보장한 권리이기도 하니, 이를 가지고 수사관에게 이의 제기를 해도 소용이 없습니다. 오히려 상대가 변호사를 선임했다는 것 자체가, 고소당한 사건을 혼자 힘으로는 해결할 수 없는 큰일로 인식하고 있음을 상대방 스스로 인정한 결과일 수 있습니다. 상대방이 죄를 자백하더라도 합의를 진행하려면 피의자 본인보다는 변호사와 얘기하는 것이 편할 수도 있습니다.

▶ 경찰수사규칙 별지 제28호서식 피의자신문조서

■ 경찰수사규칙 [별지 제28호서식]

피 의 자 신 문 조 서 (제0회)

피 의 자 : 피의자성명

위의 사람에 대한 죄명 피의사건에 관하여 0000.00.00. 조사장소에서 사법경
찰관/리 계급 성명은 사법경찰관/리 계급 성명을 참여하게 한 후, 피의자에
대하여 다시 아래의 권리들이 있음을 알려주고 이를 행사할 것인지 그 의사
를 확인하다.

1. 귀하는 일체의 진술을 하지 아니하거나 개개의 질문에 대하여 진술을 하지
   아니할 수 있습니다.
1. 귀하가 진술을 하지 아니하더라도 불이익을 받지 아니합니다.
1. 귀하가 진술을 거부할 권리를 포기하고 행한 진술은 법정에서 유죄의 증거로
   사용될 수 있습니다.
1. 귀하가 신문을 받을 때에는 변호인을 참여하게 하는 등 변호인의 조력을
   받을 수 있습니다.

문 : 피의자는 위와 같은 권리들이 있음을 고지받았는가요

답 :

문 : 피의자는 진술거부권을 행사할 것인가요

답 :

문 : 피의자는 변호인의 조력을 받을 권리를 행사할 것인가요

답 :

이에 사법경찰관은 피의사실에 관하여 다음과 같이 피의자를 신문하다.

210㎜ × 297㎜(백상지 80g/㎡)

위의 조서를 진술자에게 열람하게 하였던 바(읽어준 바) 진술한 대로 오기나 증감·변경할 것이 없다고 말하므로 간인한 후 서명(기명날인)하게 하다.

진 술 자   ㉿

0000.00.00.

사법경찰관/리   직위   성명 ㉿

사법경찰관/리   직위   성명 ㉿

3. 대질조사

1) 피의자와 대질조사를 꼭 해야 할까요?

수사관은 피의자와 고소인을 동시에 불러 대질조사를 하겠다며 고소인을 부르기도 합니다. 피의자가 혐의를 부인하면서 사실관계가 복잡한 사건에서 주로 그러하지요. 고소인 입장에서는 가뜩이나 피의자의 범행으로 피해가 큰데 피의자가 '나는 무죄다'라고 주장하고 있다는 사실에 더욱 화가 나 피의자는 꼴도 보고 싶지 않은 게 당연합니다. 그래서 대질조사에 나가기가 너무나 싫다고 하소연하시곤 합니다.

그러나 대질조사에는 가급적 응하는 것이 좋습니다. 대질조사야말로 수사단계에서 피의자가 뭐라고 하는지 고소인이 직접 들을 수 있는 유일한 기회이기 때문입니다. 후술하겠지만, 수사 단계에서는 고소인 본인의 진술이나 본인이 낸 증거자료 외에는 수사기록 열람이 되지 않습니다. 따라서 피의자가 어떤 주장을 하고 무슨 자료를 냈는지 알 수가 없지요. 그러나 대질조사에 가면 피의자가 하는 주장의 내용을 듣고 대처할 수 있습니다. 따라서 아무리 피의자가 보기 싫더라도, 대질조사에 응하는 것이 좋습니다.

2) 대질조사 시 주의점

대질조사에서 가장 주의할 사항은 흥분하지 않는 것입니다. 피의자가 하는 말도 안 되는 주장을 듣게 되면, 피가 거꾸로 솟아 "다 거짓말이다" "너 왜 거짓말하냐"라는 말이 그냥 튀어나올 수도 있습니다. 그러나 이러한 태도는 전혀 도움이 되지 않습니다. 피의자의 주장을 잘 메모하였다가 반박할 기회를 놓칠 수 있기 때문입니다.

3) 대질조사를 원하지 않을 때

대질조사가 매우 중요하기는 하나, 피의자를 대면하는 것이 지나치게 부담이 될 때는 거부하셔도 됩니다. 특히 성범죄의 경우는 아예 대질조사를 권하지도 않는 추세입니다. 다른 범죄도 '피고소인과 만나는 일 자체가 너무 두렵다. 대질조사는 안 하고 싶다' 라고 말하면, 수사관도 대질조사를 강행하지는 않습니다.

4. 수사관 교체 절차

고소인의 입장에서 사건을 담당하는 수사관은 사건의 운명을 쥐고 있을 정도로 중요한 사람입니다. 그런데 과연 이 수사관이 내 사건을 제대로 수사하고 있는지 염려될 때가 많습니다. 일단 고소한 사건의 진행이 생각보다 늦어지면 그 자체로 수사관이 제대로 수사를 하지 않고 있나 의심이 듭니다. 그런데 단순 수사 기간 지연을 넘어 고소인 진술조사나 대질조사 때 피의자 측에 편파적인 말이나 행동을 한다면 더더욱 수사가 공정하지 않다는 생각을 가질 수밖에 없지요. 또 수사관은 피의자가 고소된 경찰서에서 멀리 살아서 조사가 어렵다고 할 때 피의자 근거리 경찰서에 수사 촉탁을 할 때도 있습니다. 그런데 고소인의 입장에서는 과연 사건을 전혀 모르는 다른 경찰서 수사관이 제대로 수사를 해줄 수 있을지, 이렇게 다른 경찰서 경찰관에게 떠넘기는 수사관이 내 사건을 의미 있게 보고 있는지 걱정이 될 수밖에 없습니다.

이렇게 수사가 불공정하게 진행되는 것이 염려된다면 그냥 참고 있지만 말고 해당 수사관의 소속 경찰서 청문감사실에 수사관 기피신청서를 내셔도 됩니다.

수사관 기피신청에 대해, 수사부서의 장이 '기피할 만하다'라고 판단하면 바로 담당 수사관이 재지정됩니다. 그런데 수사부서의 장이 이유 없다고 판단하면 공정수사위원회가 열리고 그 위원회 위원의 과반수로 기피신청 수용 여부를 결정하게 됩니다. 기피를 신청한 사람이 공정수사위원회에 참석하여 신청 이유에 대해 자세히 진술하셔도 됩니다.

그런데 이렇게 수사관 교체를 신청하면, 아무래도 사건이 더 늘어질 수밖에 없습니다. 그러니 수사가 너무 늘어지는 것을 이유로 기피신청서를 내려는 분은 이 점을 염두에 두고 결정하시기 바랍니다.

▶ 범죄수사규칙 별지 제1호서식 기피신청서

■ 범죄수사규칙 [별지 제1호서식]

기 피 신 청

신청인	성 명		사건관련 신분	
	주민등록번호	-	전화번호	- -
	주 소			

아래 사건의 대상수사관에 대하여 신청인은 다음과 같은 사유로 기피신청하니, 필요한 조치를 취하여 주시기 바랍니다.

사 건 번 호		-		
대 상 수 사 관	소 속		성 명	

기 피 신 청 이 유

◈ **아래의 사유 중 해당사항을 체크하여 주시기 바랍니다.**

☐ 수사관이 다음에 해당됨
  △ 사건의 피해자임 △ 피의자·피해자와 친족이거나 친족관계에 있었음
  △ 피의자·피해자의 법정대리인 또는 후견감독인임
☐ 청탁전화 수신, 피의자·피해자와 공무 외 접촉하여 공정성을 해하였음
☐ 모욕적 언행, 욕설, 가혹행위 등 인권을 침해함
☐ 조사과정 변호인 참여 등 신청인의 방어권을 보장받지 못함
☐ 사건접수 후 30일 이상 아무런 수사 진행사항이 없음
☐ 기타 불공평한 수사를 할 염려가 있다고 볼만한 객관적·구체적 사정이 있음

◈ **위에서 체크한 해당사항에 대한 구체적인 사유를 기재하여 주시기 바랍니다.**

※ 근거자료가 있는 경우에는 이 신청서와 함께 제출하여 주시기 바랍니다.

결과통지방법	☐ 서면	☐ 전화	☐ 문자메시지	☐ 기타(전자우편, 팩스 등)

. . .

신청인   (서명)

소 속 관 서 장 귀 하

210㎜ × 297㎜(백상지 80g/㎡)

5. 원하는 수사 결과를 받기 위해 고소인이 해야 할 노력

고소인은 고소장을 낸 후에는 소극적으로 수사관이 요구할 때만 대응하셔도 됩니다. 그러나 기왕에 고소라는 어려운 길을 선택하셨으니 목표한 결과를 이끌어내기 위해 적극적으로 움직이시는 게 좋겠지요. 고소인은 언제든지 추가 증거나 의견서를 제출할 수 있으니 자료가 있을 때 추가 제출을 망설일 필요는 없습니다.

제출할 자료는 피의자의 혐의에 대한 태도에 따라 달라질 것입니다. 대질조사나 수사관의 전언을 통해 고소인은 피의자가 혐의를 인정하는지, 부인하는지 알 수 있는데요. 각 태도에 따라 고소인이 해야 할 노력은 다음과 같습니다.

① 피의자가 혐의를 인정할 때

피의자가 혐의를 전부 인정한다는 소식을 들을 때 고소인은 가장 안도합니다. 그렇다고 마냥 손 놓고 있을 수는 없습니다. 가해자에 대한 '강력한' 처벌을 이끌어내길 원하신다면, 검찰이 절대 기소유예처분이나 약식기소와 같은 선처를 해주지 못하도록 엄벌해달라는 탄원서나 의견서를 내셔야 할 것입니다. 처벌이 아니라 피해의 배상이 목표라고 하더라도 많은 배상을 받기 위해서라면 역시 엄벌을 탄원해야겠지요. 이때 아직 제출하지 못한 피해에 대한 증거들을 추가로 내셔도 됩니다.

② 피의자가 혐의를 부인할 때

사실 고소인에게는 피의자가 혐의를 부인하는 상황이야말로 가장 답답한 상황이 아닐 수 없습니다. 이때는 피의자의 주장에 반하는 증거나 고소인의 주장을 뒷받침하는 증거를 내세워 반박해야 합니다. 만일 고소인이 수집할 수 없는 증거라면 수사관에게 '제3자인 A를 참고인으로 불러서 조사해달라' '피의자의 계좌 내역을 확인해봐라'라고 요청을 해야 합니다. 이렇게 추가 증거 확보를 요청할 때는 수사관이 빼먹지 않도록 증거방법이나 입증취지를 적어서 제출하는 것이 좋겠지요.

Q

기록 열람·복사를 하고 싶어요

고소인 본인이 낸 서류나 본인의 진술조서는 경찰 단계에서는 경찰에, 검찰 단계에서는 검찰에 열람복사신청이나 정보공개청구를 하면 바로 사본을 교부해줍니다. 심지어 진술조서를 쓴 당일에 바로 해주기도 합니다. 정보공개청구는 인터넷으로도 가능하며, 검찰의 열람복사신청은 해당 검찰청이 아닌 전국 모든 검찰청에서 해줍니다.

그런데 고소인의 입장에서는 가해자가 도대체 무슨 소리를 하고 있는지 매우 궁금하실 수 있습니다. 특히 가해자가 혐의를 부인하고 있을 때는 더더욱 그러하지요. 가해자가 하는 말을 반박할 만한 추가 증거를 내기 위해서라도 반드시 알고 싶을 겁니다. 또 수사기관이 지금 수사를 잘하고 있는지 확인하고자 하는 마음에서라도 수사기록을 보고 싶을 수 있습니다.

문제는 경찰이나 검찰이 고소인이 낸 서류나 고소인 본인의 진술이 아니고서는 열람복사나 정보공개를 해주지 않는다는 데 있습니다. 대질신문조서에 대해서도 상대방인 피의자 진술은 모두 가려서 줍니다. 수사 중간에는 물론이고, 불기소나 불송치 결정을 받아 항고나 이의신청을 하고자 열람복사를 신청해도 기록 전부에 대해서는 허가를 해주지 않는 것이 일반적입니다. 형사 유죄판결이 확정되어 열람복사를 신청하더라도 역시 기록 전부를 받기는 어렵습니다. 심지어 민사소송을 하는 법원에서 형사 기록을 보관하고 있는 검찰로 문서송부촉탁을 신청하더라도 기록 전부가 송부되는 일은 거의 없습니다. 왜 허가해주지 않냐고 물어보면 수사기밀 누설이나 사생활 보호 등의 이유를 말하기는 합니다. 피해자의 피해 회복을 목적으로 열람복사를 신청하면 본인 제출 서류 외에도 허가가 되기는 하나 그마저도 극히 일부만 허가하는 것이 현실입니다.

재판으로 넘어가면 수사기관이 아니라 법원에 열람복사를 신청할 수 있기는 합니다. 그런데 재판 중이더라도 증거 조사를 마치기 전이라면 증거기록은 아직 다 검찰에 있어 법원에 신청하는 것이 큰 의미가 없습니다. 그러니 증거 조사를 마쳐서 기록이 다 법원에 넘어간 후에, 즉 1심 변론 종결 이후나 항소심에서 신청하는 것이 의미가 있겠지요. 민사소송에서 형사법원으로 형사기록 송부촉탁을 신청할 때도 이 시기에 신청하는 것이 가장 좋습니다. 통상 검찰에 기록이 있을 때보다는 더 넓은 범위에서 허가가 되는 게 일반적이기 때문입니다.

6. 수사기관의 수사 방법

수사관에게 어떻게 수사해달라고 요청하려고 해도 수사관이 어디까지, 어떻게 수사할 수 있는지 모르는 분들도 계시겠지요. 그런 분들을 위해 수사관이 할 수 있는 수사방법을 대략적으로 말씀드리겠습니다.

1) 불구속 수사가 원칙입니다

피의자 때문에 약이 잔뜩 오른 고소인은 고소장이나 고소인 진술 시 '구속 수사해주세요'라는 말을 할 때가 많습니다. 그러나 피의자에 대한 수사는 불구속 수사가 원칙입니다. 형사소송법도 이 원칙을 밝히고 있지요(형사소송법 제198조 제1항). 구속이 되려면 구속 사유, 즉 피의자에게 죄를 범하였다고 의심할 만한 상당한 이유가 있고, 피의자가 ①주거가 없거나 ②증거 인멸 염려가 있거나 ③도망하거나 도망할 염려가 있을 때여야 합니다. 이와 같이 불구속 수사가 원칙이고 위 요건을 갖추기도 만만치 않아 구속영장 청구 자체가 많지 않습니다.

또 구속 수사가 무조건 고소인에게 유리하지도 않습니다. 피의자가 구속되면 경찰은 10일 내로 검사에게 피의자를 인치해야 하고, 검사는 인치받은 때로부터 10일 이내 공소를 제기하지 않으면 피의자를 석방해야 합니다. 물론 검사가 한 번 구속기간 연장을 신청할 수 있으나 그마저 10일을 초과하면 안 됩니다. 이와 같이 피의자가 구속되면 수사 기간이 매우 짧아질 수밖에 없습니다. 그러다 보니 오히려 구속 피의자가 혐의 내용 일부를 다투면 인정하는 범위에 대해서만 기소가 되는 일도 많습니다. 고소인은 피의자가 빨리 처벌받기를 원하면서 모든 피해에 대해 처벌받기를 원하는 것이 당연하므로, 고소인 입장에서도 피의자가 구속된 게 마냥 좋다고는 할 수 없지요.

2) 참고인 조사

사건을 잘 아는 사람이 있을 경우 그를 참고인으로 조사해달라고 요청하셔도 됩니다. 사건을 잘 아는 사람은 바로 사건을 현장에서 본 사람 즉 목격자겠지요. 목격자 진술을 어떻게 확보하여 내는지에 대해서는 '3장 증거는 어떻게?'에서 이미 말씀드렸습니다. 굳이 진술서를 내지 않아도, 사건에 대해 누가 잘 알고 있다고 말하면 수사기관이 알아서 그를 참고인으로 부르기도 합니다.

그런데 참고인을 너무 여러 명 불러달라고 하는 일은 지양하시기 바랍니다. 참고인이 여러 명일수록 고소인과 다른 얘기를 할 가능성이 높고, 참고인들 간에 말이 일치하지 않을 경우 고소인 진술의 신빙성에 의심이 들 수도 있기 때문입니다. 또 사실 대부분의 참고인들이 남의 일에 끼는 것 자체를 원하지 않으며, 수사관이 자꾸 연락을 할 수도 있으며, 수개월, 심지어 몇 년이 지나서 법원에서 증인으로 나오라고 하는 일이 있기 때문에 여러 사람이 아니라, '가장 믿을 만한 사람'이 참고인이 되어야 합니다.

3) 휴대폰이나 컴퓨터 등에 대한 압수·수색 및 포렌식

압수나 수색에 대해서는 다들 들어보셨을 것입니다. TV 뉴스나 드라마에서도 많이 나오는 말이니까요. 압수는 수사기관이 증거물에 대한 점유를 취득하는 처분을 말하며, 수색은 압수할 물건이나 사람을 찾는 처분을 말합니다. 피의자를 체포하면 보통 체포 현장에서 바로 관련 증거물을 압수합니다. 그러나 고소 사건에서는 피의자가 경찰서에 출석하기도 전에 증거를 바로 인멸해버리는 것이 문제가 되지요. 이를 막기 위해서는 경찰이 피의자를 소환하기 전에 압수·수색 영장을 발부받아 집행하도록 해야할 것입니다. 그러니 고소장에 '피고소인의 휴대폰에 증거가 있다. 인멸하기 전에 어서 확보해달라'라고 적어주시는 편이 좋습니다.

그런데 피의자의 휴대폰이나 컴퓨터 등에 증거가 있다는 것이 거의 확실하다고 하더라도 피의자 신문조서를 쓰면서 그때 '핸드폰 좀 내주세요'라는 등 임의제출을 요청하는 경우가 많습니다. 그럼에도 피의자가 임의제출을 하지 않으면 그때 압수수색 영장을 신청 또는 청구하여 집행합니다.

가해자가 휴대폰 안에 있는 증거를 이미 삭제한 경우도 많이 볼 수 있지요. 이 경우 제출받은 휴대폰에 대한 포렌식을 통해 삭제된 자료를 살립니다. 포렌식을 하면 문자나 사진 등 많은 자료가 그대로 복구되는 편이나, 저장이나 삭제 시점, 휴대폰 기종에 따라 복구되는 정도가 조금씩 달라지기도 합니다.

4) 출국금지

고소인 입장에서 가장 불안한 점 중 하나가 피고소인이 고소사실을 눈치채고 해외로 도주해버리는 것입니다. 해외 출국이 우려되면 수사기관에서 법무부 장관에 출국금지를 요청하여 법무부에서 출국금지명령을 내리도록 합니다. 고소인도 위와 같은 일이 우려가 되면 수사관에게 출국금지명령을 신청해달라고 요청하셔도 됩니다. 수사관에게 요청하셔도 되지만 그조차 불안하신 분들은 직접 관할 검찰에 민원으로 출국금지를 신청하셔도 됩니다.

Q

고소인에게 얼마나 자주 수사 진행상황이 통보될까요?

경찰수사규칙에 따르면 수사관은 고소 사건에 대해 수사를 개시한 날이나 그 개시한 날로부터 매 1개월이 지난 날에는 그때부터 7일 이내 고소인에게 수사 진행상황을 통지하도록 하고 있습니다. 그러나 현실에서는 잘 지켜지지는 않는 것 같습니다. 또 수사 진행상황을 통지하더라도 매우 추상적으로 '의견서 잘 받았습니다'라는 정도만 문자로 올 뿐 혐의를 부인하는지 여부나 수사가 어떻게 진행되는지에 대한 자세한 내용은 없습니다. 그러므로 수사 상황이 궁금하시다면 담당 수사관의 업무를 방해하지 않을 정도의 범위 내에서 담당 수사관 직통번호로 전화를 걸어 물어보시길 권합니다.

▶ 검찰보존사무규칙 별지 제7호서식 민원신청서

■ 검찰보존사무규칙 [별지 제7호서식] <개정 2023. 8. 21.>

민 원 신 청 서

※ 뒤쪽의 작성방법을 읽고 작성하시기 바라며, [ ]에는 해당되는 곳에 √표를 합니다.

(앞쪽)

접수번호	접수일		처리기간

신 청 인	성명		주민등록번호	
	주소 (전화번호:)			사건과의 관계
	e-Mail		국민에게 다가가는 변화된 검찰의 소식지를 받아보시겠습니까? [ ]	
	아래 _____에게 민원신청에 관한 일체의 권한을 위임함.			
	위임인 성명 (서명 또는 날인)			
	대리인 성명 (서명 또는 날인) 전화번호			
	주 소 주민등록번호			
	첨 부 위임인이 서명한 경우: 위임인의 본인서명사실확인서 또는 전자본인서명확인서 발급증 1부 위임인이 날인한 경우: 위임인의 인감증명서 1부			

사건표시	피의자·피고인		죄 명	
	사건번호 ○○지방검찰청 20 형 제 호			

신청 민원 (뒤쪽 참조)		
용도 또는 신청 사유		신청부수

비고

위와 같이 민원을 신청합니다.

년 월 일

신청인 (서명 또는 인)

○ ○ 지 방 검 찰 청 검 사 장 귀하

첨부서류	뒤쪽 참조	수수료 뒤쪽 참조

※ 민원인이 같은 청의 담당부서를 달리하는 민원을 2종 이상 신청할 경우 최초 접수 부서에서 신청서 사본을 해당 부서에 송부하여 처리하도록 조치합니다.

210㎜ × 297㎜(백상지 80g/㎡)

증 명 및 신 청 민 원 종 류

구 분	민 원 종 류	처 리 기 관	구비서류	수 수 료
사 건 접 수, 수사 및 처리 등 에 관 한 민 원	① 고소·고발장 접수증명	지검, 지청	없음	1부마다 500원
	② 사건 처분결과증명	〃	〃	〃
	③ 진정(내사)사건 처분결과증명	각 급 청	〃	〃
	④ 기소(참고인)중지사건 재기신청	지검, 지청	〃	〃
	⑤ 기소(참고인)중지사건 재기신청사실증명	〃	〃	〃
	⑥ 기소(참고인)중지사건 공소시효 완성증명	〃	〃	〃
	⑦ 지명수배해제신청	〃	〃	〃
불기소이유 고지 및 항고, 재항고 관 련 민 원	⑧ 불기소이유고지청구	〃	〃	5매이내 500원 추가1매당50원
	⑨ 항고장 접수증명	〃	〃	1부마다 500원
	⑩ 항고 기각증명	고·지검, 지청	〃	〃
	⑪ 항고기각 이유고지청구	〃	〃	5매이내 500원 추가1매당50원
	⑫ 재항고장 접수증명	〃	〃	1부마다 500원
	⑬ 재항고 기각증명	대검, 지검,지청	〃	〃
	⑭ 재항고기각 이유고지청구	〃	〃	5매이내 500원 추가1매당50원
	⑮ 재정신청서 접수증명	지검, 지청	〃	1부마다 500원
압 수 수 색 관 련	⑯ 압수증명	각 급 청	〃	〃
	⑰ 수색증명	〃	〃	〃
벌 과 금 관 련	⑱ 벌과금 납부증명	〃	〃	〃
판결문 등 열람 ·등본교부 및 확정증명관련 민 원	⑲ 체포·구속영장 등본교부청구	지검, 지청	주민 등본 1부	5매이내 1,000원 추가1매당50원
	⑳ 재판서·재판기재조서 등(초)본 교부신청	각 급 청	없음	〃
	㉑ 형사재판 확정증명	〃	〃	1부마다 500원
출 국 금 지 관 련 민 원	㉒ 출국 가능사실증명	〃	〃	〃
	㉓ 출국금지 외뢰신청	지검, 지청	〃	〃
	㉔ 출국금지 해제신청	〃	〃	〃

신청서 작성 방법

1. 사건과의 관계란에는 고소(고발)인, 피고소(피고발)인, 피의자, 피고인(피고인이었던 자), 피해자, 피진정인, 참고인, 항고인, 피항고인, 재항고인, 피재항고인, ○○○의 가족 등으로 기재합니다.
2. 비고란에는 압수증명 신청 시 압수물품명, 수량, 수색증명 신청시 수색장소, 일시 등을 기재합니다.
3. 출국가능사실증명의 경우 신청사유란에 출국사유 및 출국지를 기재합니다.
4. ① ~ ㉔ 외의 민원은 별도 신청서에 외하여 신청합니다.
5. 수수료는 수입인지 또는 수수료 납부 증명서면을 별도의 "수수료납부서"에 첨부하거나 신청서 여백에 부착하여 납부하여야 합니다.

7. 합의의 A to Z

1) 합의란 무엇인가?

다들 한 번쯤 '합의'라는 말을 들어보셨을 것입니다. 그런데 사실 합의는 법률에 있는 용어가 아닙니다. 그럼에도 아주 오래전부터 실무에서 널리 쓰이고 있습니다. 일반적으로 합의란 '가해자의 피해자에 대한 피해 회복' 및 '피해자의 가해자에 대한 처벌불원'을 아울러 의미합니다. 한편, 최근 대법원은 "대법원 양형위원회 제정 양형기준상 특별감경인자인 '처벌불원'이란 피고인이 자신의 범행에 대하여 진심으로 뉘우치고 합의를 위한 진지한 노력을 기울여 피해에 대한 상당한 보상이 이루어졌으며, 피해자가 처벌불원의 법적·사회적 의미를 정확히 인식하면서 이를 받아들여 피고인의 처벌을 원하지 않는 경우를 의미한다"라고 했습니다 (대법원 2020. 8. 20. 선고 2020도6965, 2020전도74(병합) 판결).

2) 합의의 중요성

피해자에 따라서는 피해를 일정 부분만이라도 회복받는 것을 목표로 고소를 하시는 분들도 계시는데, 그러한 분들께는 당연히 합의가 가장 중요합니다. 마찬가지로 가해자 입장에서도 합의가 중요할 수밖에 없습니다. 양형기준상 피해자가 있는 모든 범죄에서 처벌불원은 감형 요소로 되어 있으니까요.

3) 합의의 적절한 시점은?

사실 합의는 경찰 또는 검찰 수사 단계는 물론이고, 고소 전뿐만 아니라 재판 단계에서도 볼 수 있습니다. 고소가 들어가기전, "합의하자, 합의하면 고소 안 하겠다"라며 고소하지 않는 것을 조건으로 합의가 되기도 하며, 합의 의사가 전혀 없다가 항소심 판결 선고 직전에 합의가 되기도 합니다. 심지어 어떤 사건은 3심인 대법원 단계에서 합의가 되기도 합니다. 사형, 무기, 10년이상의 징역이나 금고 형을 선고받은 건은 상고이유로 형이 과중함을 주장할 수 있고, 따라서 상고심에서라도 합의가 되면 감형이 될 수 있기에 대법원에서도 합의를 보기도 합니다.

고소인에 따라서는 무조건 합의를 빨리 보고 끝내면 좋겠다고생각하시는 분들도 있습니다. 그러나 그 뜻을 너무 일찍 드러내면 좋지 않을 수 있습니다. 수사 초기에 수사관이 먼저 합의 의사를 물어보는 경우가 많은데, 이때 바로 "네, 합의하고 싶어요"라고 말해버리면 수사관의 수사 의지가 처음부터 약해질 수밖에 없습니다. 그러니 사건 초기 단계에는 "피해가 전부(또는 충분히) 회복된다면 합의도 생각해보겠습니다" "지금으로서는 처벌이 우선일 것 같습니다" 정도로 대답하시기를 권합니다.

그렇다고 합의를 늦추는 것이 좋다고만 할 수도 없습니다. 위에서 말씀드렸다시피, 3심인 대법원 단계에서 합의할 수 있는 사건은 사형, 무기, 10년 이상의 징역형을 받은 사건만 해당되니 죄가 매우 중한 사건만 대법원 단계에서 합의가 가능합니다. 또 검사가 기소유예 처분이나 약식기소를 하면 재판 자체가 열리지 않아 재판 단계 합의가 불가능합니다. 그러니 합의는 사안에 따라 적절한 시점에 봐야 하는 것이지요.

4) 경찰 단계: 합의

고소인이나 피의자가 모두 합의 의사가 있다고 하면, 수사관은 고소인에게 전화를 하여 "피의자가 합의를 하고 싶다고 하는데 연락처를 줘도 되냐?"라고 묻습니다. 피의자에게 전화번호가 알려지는 것이나 피의자와 직접 대화하는 것에 거부감이 들지 않으신다면 제공에 동의해도 됩니다. 만일 피의자가 변호사를 선임했다면 '변호사에게만 제공하겠다'라고 할 수도 있습니다. 대리인(변호사)을 선임하시면 대리인이 고소인과 상의한 다음 피의자와 합의를 대신 진행하는 경우도 빈번합니다. 특히 고소인과 피의자 양쪽이 다 변호사를 선임했다면 변호사끼리 대화하는 것이 일반적이지요.

5) 검찰 단계: 형사조정, 합의

합의는 검찰 단계에서 진행될 때도 많습니다. 검찰 단계의 합의도 경찰에서와 마찬가지로 고소인의 연락처를 피의자에게 제공하여 합의를 진행한다는 점에서 동일합니다. 그런데 검찰에서는 형사조정이라는 특별한 제도가 있어 이를 이용할 수도 있습니다. 피해자나 피의자가 합의 의사가 있다고 하면, 검사는 사건을 형사조정에 회부합니다. 차용금이나 공사대금 등 금전거래로 인해 발생한 재산범죄 사건이나 명예훼손이나 모욕, 임금 체불 등 친고죄 내지 반의사불벌죄가 형사조정의 주요 대상입니다. 그렇다고 형사조정의 대상이 위 범죄에 한정되지는 않으며, 성범죄 등 다른 범죄도 형사조정을 하기도 합니다. 검찰 형사조정 단계로 가면, 피해자의 전화번호나 인적 사항이 피의자 측에게 직접 노출되지 않는다는 장점이 있습니다. 형사조정은 대면뿐만 아니라 전화로 진행할 수도 있기 때문에 직접 시간을 내 검찰청에 가지 않더라도 전화만 몇 번 받으면 해결이 될 수도 있습니다.

검찰 형사조정이 성립되면 피해자의 처벌의사나 고소를 요건으로 하는 반의사불벌죄나 친고죄의 경우 당연히 '공소권 없음' 처분이 내려집니다. 그 외의 사건은 계속 수사가 진행된다고 생각할 수도 있지만, 의외로 바로 각하 처분이 내려질 수도 있습니다. 형사조정실무 운용지침 제22조 제1항에 따르면 검사는 이러한 사건에 대해 각하 처분하는 것을 원칙으로 하고, 관련 자료 등을 검토한 결과 범죄 혐의가 있다고 사료되는 때에는 통상의 수사절차에 따라 수사를 진행하되 처벌 시 감경할 수 있다고 되어 있습니다. 즉 재판 단계에서 합의하면 형량에만 영향을 미칠 뿐 범죄의 성립에는 영향을 미치지 못하지만, 검찰 형사조정에서 합의하면 각하 처분으로 끝나서 상대방을 처벌하지 못할 수도 있다는 뜻입니다.

6) 재판 단계: 형사배상명령 신청, 합의

수사 단계에서 합의가 진행되지 않으면 재판 단계에서 진행할 수도 있습니다. 그런데 재판 단계에서는 합의 말고도 형사배상명령을 신청할 수 있습니다. 형사배상명령이란 법원이 유죄판결을 선고하면서 피해자의 손해를 배상하라고 명하는 것을 말합니다. 규정으로는 직권으로도 가능하다고 하나, 사실 신청 없이 직권으로 인정되는 일은 전무하기는 하지요. 그러니 배상명령을 받으시려면 직접 신청서를 내시는 것이 좋습니다.

판결 선고 때 배상명령이 선고되고 확정되면 민사집행법에 따른 강제집행에 관해서는 배상명령이 기재된 유죄판결서의 정본이 집행력 있는 민사판결 정본과 동일한 효력이 있어 피고인의 재산을 압류하는 등 강제집행을 할 수 있습니다. 또 민사소송과는 달리, 배상명령 신청에 따른 절차 비용도 모두 국고로 부담하도록 하고 있습니다.

여기까지만 보시면 '재판에 가면 합의 볼 필요 없이 무조건 배상명령을 이용하면 되겠구나' 하고 생각하실 수 있습니다. 그러나 꼭 그렇지만은 않습니다.

먼저, 배상명령 제도는 모든 범죄에서 활용할 수 있는 제도가 아닙니다. 그 대상 범죄는 소송촉진 등에 관한 특례법 제25조 제1항 각호의 범죄로 한정되기 때문입니다. 규정에서는 검사가 배상명령 신청 대상이 되는 범죄를 기소할 때 피해자에게 이를 알려주도록 되어 있지만, 통지 자체를 안 해주는 경우도 비일비재합니다.

또 법에서는 물적 손해뿐만 아니라 치료비나 위자료까지 명하도록 정하고 있지만, 치료비나 위자료는 물론이고, 물적 손해조차 피해 금액이 명백하지 않다면 책임 범위가 불분명함을 이유로 각하하는 것이 대부분입니다.

또 사기 등 재산범죄로 물적 손해 액수가 명백하더라도 가해자가 여러 명인 범죄라면 각하하는 경우가 많습니다. 법원은 불법행위자 중 일부가 피해자의 부주의를 이용하여 고의로 불법행위를 저지른 경우, 그러한 사유가 없는 다른 불법행위자가 과실상계 주장을 할 수 있고, 고의에 의한 불법행위에도 과실상계와 공평의 원칙에 기한 책임 제한은 가능하다는 법리에 따라 책임 범위가 불분명하다고 보기도 합니다(대법원 2016. 4. 12. 선고 2013다31137 판결).

뿐만 아니라 형사사건의 가해자 상당수가 변제 자력이 없는 경우가 많아 대부분 배상명령이 선고되더라도 집행이 불가능합니다.

그러니 공판 단계에 가서라도 오로지 배상명령만 생각하지 않고, 합의를 보시기를 권합니다. 특히 피해자가 여러 명인 건이라면 배상명령을 막기 위해서라도 피고인은 배상명령 신청인들과 먼저 합의를 보려고 연락이 올 가능성이 높습니다. 이처럼 피해자는 배상명령 신청을 '내게 먼저 합의 시도를 해달라'라는 의사표시의 수단으로서 활용하실 수 있습니다.

배상명령 신청 후 합의가 성사되면 별도로 배상명령 취하서를 내지 않더라도 법원은 배상책임 유무 또는 그 범위가 명백하지 않다고 보아 판결 선고 때 배상 신청을 각하하는 결정을 내립니다.

7) 합의서에 들어갈 내용은?

합의는 말만으로도 가능합니다. 그러나 양측, 특히 가해자 측은

▶ **배상명령을 할 수 있는 사건: 소송촉진 등에 관한 특례법 제25조 제1항**

근거 법령	범죄의 종류
형법	· 상해죄(형법 제257조제1항, 상습범 포함) · 중상해죄(형법 제258조 제1항 및 제2항, 상습범 포함) · 특수상해(형법 제258조의2, 다만 단체 또는 다중의 위력을 보이거나 위험한 물건을 휴대하여 자기 또는 배우자의 직계존속의 신체를 상해한 경우, 그들의 신체를 상해하여 생명에 대한 위험을 발생하게 한 경우 및 그들의 신체의 상해로 인해 불구 또는 불치나 난치의 질병에 이르게 한 경우는 제외) · 상해치사죄(형법 제259조 제1항) · 폭행치사상죄(형법 제262조, 존속폭행치사상죄는 제외) · 과실치사상죄(형법 제26장) · 강간 및 추행죄(형법 제32장) · 절도 및 강도죄(형법 제38장) · 사기 및 공갈죄(형법 제39장) · 횡령 및 배임죄(형법 제40장) · 손괴죄(형법 제42장) · 위의 죄 중 가중처벌죄 및 그 죄의 미수범을 처벌하는 경우 미수죄
성폭력범죄의 처벌 등에 관한 특례법	· 업무상 위력 등에 의한 추행죄(성폭력범죄의 처벌 등에 관한 특례법 제10조) · 공중 밀집 장소에서의 추행죄(성폭력범죄의 처벌 등에 관한 특례법 제11조) · 성적 목적을 위한 다중이용장소 침입행위죄(성폭력범죄의 처벌 등에 관한 특례법 제12조) · 통신매체를 이용한 음란행위죄(성폭력범죄의 처벌 등에 관한 특례법 제13조) · 카메라 등을 이용한 촬영죄 및 그 미수죄(성폭력범죄의 처벌 등에 관한 특례법 제14조 및 제15조)
아동·청소년의 성보호에 관한 법률	· 아동·청소년 매매행위죄(아동·청소년의 성보호에 관한 법률 제12조) · 아동·청소년에 대한 강요행위 등 죄(아동·청소년의 성보호에 관한 법률 제14조)

합의서를 제출하기 위해 문서로 작성하기를 원할 것입니다. 합의서에 기본적으로 들어가는 내용은 ①'피해자'의 피해 회복 여부 및 그 정도에 대한 확인과 ②'피해자'의 가해자에 대한 처벌을 원하지 않는다는 내용입니다. 그러므로 이때는 쌍방이 아닌 피해자의 이름만 합의서에 들어가도 무방합니다. 간혹 '합의서'와 '처벌불원서'를 따로 적어야 하지 않느냐는 질문을 받는데, 제목이 뭐든 간에 그 안에 처벌을 원하지 않는다는 내용만 잘 들어가 있으면 그게 곧 '처벌불원서'이니 굳이 따로 적을 필요가 없습니다. 한편, 모욕죄 등 친고죄에서는 해석에 문제가 생기지 않도록 합의서에 고소를 취소한다는 내용을 명시할 필요가 있습니다.

사안에 따라서는 합의 시 피의자나 피고인의 의무에 대해서도 기재를 할 필요가 있는데 이때는 쌍방의 이름이 모두 들어가는 것이 좋습니다. 합의서에 넣을 피의자나 피고인의 의무는 사건에 대해 제3자에게 발설을 하지 못하도록 하거나, 피해자나 가족들의 주거지 및 직장 부근에 접근 금지를 하도록 하는 것 정도가 있습니다.

피의자나 피고인이 간혹 "합의서에 인감도장을 찍어주고 인감증명서까지 달라"라고 요구할 때도 있습니다. 합의서에 피해자의 인감도장이 날인되어 있고 인감증명서까지 첨부되어 있다면 수사기관이나 법원도 '피해자가 합의서를 진정하게 작성하였구나'라고 단번에 받아들입니다. 그런데 피해자의 입장에서는 인감도장을 찍거나 인감증명서를 교부하는 것에 부담을 느낄 때가 많습니다. 이럴 때에는 "인감도장이나 증명서까지는 어렵고 신분증 사본을 주겠다"라고 하고 합의서에 첨부할 수 있도록 하면 됩니다. 그마저도 거부하고 싶다면 그 사유를 합의서 안에 기재하시고, 추후 수사기관이나 법원에서 합의한 사실에 대한 확인 전화를 해왔을 때 사실대로 말씀해주시면 됩니다.

합의서 및 처벌불원서

사　건　2021고단○○○○

피 고 인　　○○○

위 사건의 피해자인 ○○○은 피고인으로부터 진심어린 사과와 함께 합의금 ○○○○원을 아래의 계좌로 수령하였습니다. 이에 위 피고인을 용서하기로 하고, 민·형사상 이의제기는 하지 않기로 했으니, 법원에서 피고인을 선처하여 주시길 원합니다.

계좌번호

은 행 명

예 금 주

＊ 신분증 사본 첨부

작성자 : ○ ○ ○ (인)

○○○○지방법원 형사 ○○단독 귀중

합의서 및 처벌불원서

사 건   ○○○○법원 2021고단○○○○

피 고 인   ○○○

피 해 자   ○○○

위 사건에 대하여 피고인이 자신의 잘못을 모두 인정하고 잘못을 깊이 뉘우치고 있는바, 피해자는 피고인과 아래와 같은 조건으로 원만히 합의하였으니 피고인을 선처하여 주시기 바랍니다.

1. 피고인은 공소사실을 모두 인정하고 반성하며, 이 사건 합의 이후 이를 번복하지 아니한다.

2. 피고인은 이 사건에 대한 합의금으로 ○○○○○원을 지급한다.
   (합의금 수령 계좌:).

4. 가. 피고인은 피해자의 주거지 및 영업장으로부터 100m 이내에 접근하지 아니할 것을 약속한다.

나. 피고인은 피해자 및 피해자의 가족구성원들에게 접근하거나 재범, 보복 등을 하지 않을 것을 약속한다.

다. 피고인은 이 사건에 관하여 타인에게 발설하지 아니한다.

라. 피고인이 위 가. 내지 다. 항의 약정을 위반할 경우, 위반 1회당 ○○○○원을 피해자에게 지급할 것을 약정한다.

5. 피해자는 이 사건과 관련하여 추후 민·형사상 이의를 제기하지 않는다.

6. 피고인은 본 합의를 위반하거나 본 건과 별도로 피해자에게 피해를 입힐 경우 이 사건 합의와는 별도로 민·형사상의 책임을 진다.

7. 합의서는 두 부 작성하여 한 부는 피해자 측이 법원에 제출하며, 나머지 한 부는 피해자가 소지하기로 한다.

작성일 :

피해자 :　　　　　(인)

피고인 :　　　　　(인)

5장

처분결과가 통지되었다!

1. 경찰의 처분

과거에 사법경찰관은 수사한 모든 사건을 기소 의견이나 불기소 의견으로 정리하여 검찰에 송치하였고, 사건을 송치받은 검사는 경찰의 의견을 참고하여 직접 수사를 추가로 하거나, 경찰에게 수사 지휘를 하거나, 바로 처분(기소/불기소)을 내렸습니다.

그런데 최근 검·경 수사권 조정의 영향으로 처분 절차가 조금 달라졌습니다. 혐의가 인정되는 사건에 대해서는 경찰은 여전히 검사에게 사건을 송치하지만, 혐의가 없다고 보는 사건에는 경찰이 '불송치 결정'을 내려 수사를 종결할 수 있게 되었습니다. 물론 이렇게 종결된 사건에 대해서도 검사가 다시 기록을 검토해야 합니다. 그래서 이러한 경찰의 종결 권한을 '1차적' 수사종결권이라고 부르지요.

경찰의 불송치 결정의 주문 내용은 검사의 불기소 결정과 거의 같습니다. 검사 불기소 결정과 마찬가지로 ①혐의 없음(범죄 인정 안 됨, 증거 불충분), ②죄가 안 됨, ③공소권 없음, ④각하로 구분 됩니다. 검사의 불기소 결정과 차이가 있다면, 경찰은 기소유예 결정을 내릴 수는 없다는 것입니다. 피의자가 여러 사람이거나 죄가 여러 개일 때 일부에 대해서만 유죄가 인정된다면 나머지에 대해서만 불송치 결정을 할 수도 있습니다.

이제 각각의 주문 내용에 대해 더 자세히 알아보겠습니다. 경찰수사규칙 제108조 제1항 각호에 규정되어 있는 내용 중 이 책을 보시는 분들이 알아야 할 내용 위주로 정리하면 다음과 같습니다.

- '혐의 없음' 결정은 가장 흔한 불기소 결정 유형으로, 피의사실이 범죄를 구성하지 않거나 범죄가 인정되지 않는 경우(범죄 인정 안 됨), 피의사실을 인정할 만한 충분한 증거가 없는 경우(증거 불충분)가 해당합니다.
- '죄가 안 됨' 결정은 피의사실이 범죄를 구성하지만 법률상 범죄의 성립을 조각阻却하는 사유가 있어 범죄를 구성하지 않는 경우를 말합니다. 말이 좀 어렵지만, 정당방위가 인정되는 경우 정도를 생각하시면 되겠습니다.
- '공소권 없음'은 유죄냐 무죄냐를 논하기에 앞서 공소를 제기할 조건이 없을 때 내려지는 결정입니다. 대표적인 경우로

친고죄나 반의사불벌죄에서 고소가 취소되거나 처벌불원의 의사가 표시된 때를 들 수 있습니다. 이미 같은 사건으로 재판을 받았다면 일사부재리원칙에 따라 다시 처벌을 할 수가 없는데, 이 경우 공소권 없음 결정을 내립니다.

- '각하' 결정은 쉽게 말해 '고소인, 고발인 진술에 의하더라도 더 이상 수사할 필요가 없어 종결하겠다'라는 것입니다. 대표적으로 단순 채무불이행 등 죄가 아닌데 고소를 했거나, 경찰이 고소인에게 조사받으러 나오라고 해도 고소인이 나오지 않거나, 피고소인이 형사미성년자라서 형사처벌이 안 될 경우가 이에 해당합니다. 형사조정에서 말씀드렸다시피 형사조정 성립 시에도 각하 처분할 때가 있습니다.

경찰은 위와 같은 불송치 결정 외에 수사중지(피의자중지, 참고인중지)나 이송 결정을 할 수도 있습니다.

2. 경찰의 불송치 결정에 대한 대응

1) 고소인의 이의신청

경찰은 송치든 불송치든 결정을 하면 고소인에게 통지를 해줍니다. 가해자가 처벌될 날만 손꼽아 기다리다가 갑자기 불송치 통지를 받기도 하는데 이 경우 고소인이 겪는 당혹감은 이루 말할 수가 없습니다. 이러한 고소인을 위한 구제 절차가 바로 소속 관서의

장에게 이의를 신청하는 것입니다(형사소송법 제245조의7 제1항). 경찰은 고소인 등(고발인은 제외)의 이의신청이 있는 때에는 지체 없이 검사에게 사건을 송치합니다. 이때 경찰은 이의신청이 타당한지 아닌지를 판단하지 않고 즉시 송치하도록 되어 있습니다.

경찰의 불송치 결정에 대해 고소인이 이의신청을 하지 않아도 검사가 사건을 보기는 합니다. 경찰은 불송치 결정한 사건에 대해서도 사건을 송치하지 않는 이유를 명시한 서면, 관계 서류, 증거물을 검사에게 보냅니다(수사준칙 제62조 제1항). 기록을 받은 검사는 송치하지 않은 것이 위법 또는 부당한지 검토하고, 위법·부당함이 없으면 기록을 반환하나, 있으면 경찰에게 재수사를 요청합니다. 검사가 재수사를 요청한 경우 그 사실이 고소인에게 통지되기도 합니다. 검사는 원칙적으로 송부받고 90일 이내에만 재수사를 요청할 수 있도록 되어 있으나 명백히 새로운 증거나 사실을 알게 되는 등 예외적인 경우에는 90일이 지나도 재수사 요청을 할 수 있습니다.

여기서 고소인은 '이의신청을 하든 하지 않든 어차피 기록이 검사에게 다 가니까 굳이 번거롭게 이의신청을 할 필요는 없지 않을까?'라는 생각을 할 수 있습니다. 하지만 고소인의 이의신청 없이 검찰로 간 사건은 사건번호도 '형제'가 아니라 '불제'로 부여되며, 송치사건과는 별도로 관리합니다. 또 이의신청이 없는 사건에 대해 검사가 할 수 있는 재수사 요청은 1회에 국한됨이 원칙입니다. 그러니 가해자 처벌을 원해 고소장까지 낸 고소인이라면, 경찰의 불송치 결정에 대해 적극적으로 이의신청을 함이 바람직합니다.

이의신청 기한에는 제한이 없어 검사가 불송치 기록을 검토하는 중이거나 검토를 마치고 반환까지 하였더라도 이의신청을 할수 있습니다. 기한 제한이 없기는 해도 가급적 검사가 기록을 반환하기 전에 이의신청할 것을 권합니다. 검사가 이미 수사에 위법 또는 부당함이 없다고 판단하여 경찰에 기록을 반환하고 나면, 뒤늦게 고소인 등이 이의신청을 하더라도 검사가 다시 그 판단을 뒤집고 기소하는 일은 드물기 때문입니다. 법률에는 검사가 90일 이내에 기록을 검토하여야 한다고 정하고 있으나, 통상 불송치 기록을 배당받은 날로부터 60일 이내에 검토하는 것이 일반적이니 서두르는 편이 좋습니다.

2) 이의신청서에 기재할 내용은?

이의신청서는 경찰수사규칙 별지 제125호 서식에 따라 작성하면 됩니다. 양식이 간단한 만큼 간단히 적어도 되기는 합니다. 그러나 너무 간단히 생각하여 그냥 고소장의 내용만 반복한다면 검찰에서 다른 결과를 얻기 어려울 수 있습니다. 그러니 경찰의 불송치 결정에 대한 이유를 보고, 어떤 면에서 잘못 수사했는지, 중요한 증거나 수사기관이 간과한 증거, 추가로 더 낼 증거가 있는지에 대해 자세히 적어내는 것이 중요합니다.

3) 검사의 보완수사 요구

고소인 등의 이의신청으로 사건이 검찰에 송치되면 사건을 송치

▶ 경찰수사규칙 별지 제125호서식 불송치 결정 이의신청서

■ 경찰수사규칙 [별지 제125호서식]

불송치 결정 이의신청서

□ 신청인

성 명		사건관련 신분	
주민등록번호		전 화 번 호	
주 소		전 자 우 편	

□ 경찰 결정 내용

사 건 번 호	-
죄 명	
결 정 내 용	

□ 이의신청 이유

□ 이의신청 결과통지서 수령방법

종 류	서 면 / 전 화 / 팩 스 / 전 자 우 편 / 문 자 메 시 지

신청인   (서명)

소 속 관 서 장 귀 하

210㎜ × 297㎜(백상지 80g/㎡)

받은 검사는 바로 결정을 내리거나 직접 수사를 하기도 하지만, 추가 수사가 필요할 경우 경찰에게 보완수사를 하라는 결정을 내립니다. 그러면 사건이 다시 종전에 불송치 결정을 내렸던 담당 경찰관에게로 되돌아갑니다. 고소인 입장에서는 '겨우 기록을 검사에게 보냈는데 불송치 결정한 그 경찰에게 다시 사건이 간다니 말이 되나'라고 생각하실 수는 있습니다. 그런데 검사의 보완수사 요구 사항은 '○○○ 쟁점에 관하여 고소인과 피의자 대질을 하라'나 '○○○ 여부에 관하여 통장거래내역을 확보하라'라는 등 매우 구체적인 요구사항을 담고 있기 때문에 수사관의 기존 의견 때문에 불이익을 당할 위험은 크지 않다고 봅니다. 경찰은 보완수사 이행 후 그 결과를 검사에게 보내는데, 검사는 기존 증거와 보완수사 이행 사항을 종합적으로 보고 최종 처분을 내립니다.

CASE

경찰의 일부 불송치 결정에 이의신청하여 고소사실 전부에 대한 처벌을 이끌어낸 사례

M씨는 L이라는 사람에게 5년간 24회에 걸쳐 2억 원 정도 되는 돈을 빌려줬다. L이 매달 꼬박꼬박 이자를 잘 줘서 원금도 주리라고 믿었다. 그런데 원금을 줘야 할 시기가 되자 L이 잠적을 해버리고 말았다. M은 경찰에 고소장을 제출하였다. 그 후에 알게 된 사실은 L이 M 말고 다른 사람들에게도 같은 방법으로 돈을 수차례 빌려갔고, 그 사람들도 다 고소를 했다는 것이다.

M은 어서 빨리 경찰이 사건을 처리해주기를 기다렸으나 1년이 지나도록 진행이 되지 않았다. 담당 경찰이 중간에 바뀌기도 했는데 담당이 바뀌자 "사건 파악하느라고 시간이 걸린다"라고 했다. 답답한 M은 국민신문고에 "고소 사건 처리가 너무 늦어지고 있다. 빨리 해달라"라는 글을 올렸다. 그러자 바로 결론이 났는데, 그 결과는 예상과는 너무나 달랐다. 경찰은 M이 입금한 24회 중 최근 5회 입금한 금원에 대해서만 유죄 혐의를 인정하고 나머지 입금한 돈에 대해서는 혐의가 없다고 보아 일부 송치, 일부 불송치 결정을 내렸다. L은 경찰에서 "특정 시점 이전까지는 M의 돈으로 실제 투자를 해서 수익을 내려고 했고 특정 시점 이후에는 투자를 하지 않았다"라고 진술했는데, 그 진술을 그대로 인정한 것이다. 이렇게 되면 M이 L에게 빌려준 돈이 2억 원 정도 되는 건 사실이나 사기 피해금으로 인정될 금액은 2,500만 원밖에 되지 않았다. M은 이와 같은 일부 불송치 결정서를 받고 이대로 있을 수 없다고 보아 이의신청을 했다. 약 두 달간의 수사 후, 검찰은 이의신청 내용대로 고소한 피해금원 2억 전체에 대해 기소하였고 가해자는 기소된 대로 유죄판결을 받았다.

3. 검사의 처분

1) 처분결과 통지

검사는 수사를 마치면 처분한 날로부터 7일 이내로 처분결과를 고소인에게 통지합니다. 우편으로 '고소·고발사건 처분결과 통지서'라는 문서가 주소지로 송달되는데, 통상 문서를 송달받기 전에 문자로 결과를 받습니다.

▶ 고소사건 처분결과 문자 예시

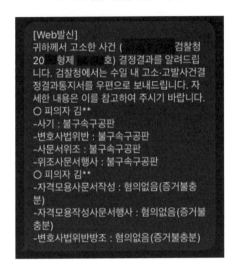

```
[Web발신]
귀하께서 고소한 사건 (          검찰청
20    형제      호) 결정결과를 알려드립
니다. 검찰청에서는 수일 내 고소·고발사건결
정결과통지서를 우편으로 보내드립니다. 자
세한 내용은 이를 참고하여 주시기 바랍니다.
○ 피의자 김**
-사기 : 불구속구공판
-변호사법위반 : 불구속구공판
-사문서위조 : 불구속구공판
-위조사문서행사 : 불구속구공판
○ 피의자 김**
-자격모용사문서작성 : 혐의없음(증거불충
분)
-자격모용작성사문서행사 : 혐의없음(증거불
충분)
-변호사법위반방조 : 혐의없음(증거불충분)
```

2) 처분결과의 의미

처분결과 통지서에는 사건번호, 사건명과 처분일자, 죄명과 처분결과가 기재되어 있습니다. 통지 내용 중 가장 중요한 것은 당연히 처분결과입니다. 불기소 처분 중 '혐의 없음' '죄가 안 됨' '공소권 없음' '각하'의 의미에 대해서는 경찰의 불송치 결정 유형에서 충분히 다루었으므로, 여기서는 '기소중지, 참고인중지, 타관이송' 그리고 '기소유예'에 대해서 살펴보겠습니다.

- 기소중지, 참고인중지, 타관이송

이 세 가지 처분의 공통점은 최종적인 처분이 아니라 중간 처분이라는 것입니다. 검사는 다음과 같은 상황에 처하면 종국 처분을 내리기 전 중간 처분을 내립니다.

'기소중지'는 말 그대로 잠시 기소를 중지하는 것입니다. 피의자를 찾을 수 없어 중지하기도 하지만 형사조정에 회부하여도 조정 절차가 끝날 때까지 최종 결정을 중지합니다. 전자일 경우에는 공소시효 완료 전 피의자의 소재가 밝혀지면 다시 수사를 시작합니다.

'참고인중지'는 다른 피의자나 피해자 또는 중요한 참고인을 찾을 수 없어 그 소재가 밝혀질 때까지 최종 결정을 잠시 멈추는 것으로, 참고인을 찾으면 수사를 재개합니다.

'타관이송'은 피의자 또는 중요한 참고인의 주소 등 문제로 다른 검찰청으로 사건을 보내는 것입니다. 그 검찰청에서 최종 처분을 내리도록 하기도 하지만 사건을 보낸 검찰청이 다시 사건을 받아서 결정하기도 합니다.

- 기소유예

검사가 보기에 죄가 인정된다고 하더라도 재판에 넘기지 않는 처분을 할 수 있는데, 이를 기소유예라고 합니다. 범인의 연령, 성행, 지능과 환경, 피해자와의 관계, 범행의 동기, 수단과 결과, 범행 후의 정황 등 사항을 참작해볼 때 공판에 회부할 필요가 없다고 판단하는 경우 내리도록 하고 있습니다(형법 제51조, 형사소송법 제247조). 만일 피의자가 범행을 모두 인정한다면 기소유예 처분을 받는 게 수사단계에서 받을 수 있는 최고의 선처일 것입니다.

기소유예가 최고의 선처인 만큼, 검사도 기소유예 처분을 내릴 때 매우 신중히 하고 있습니다. 피의자를 직접 불러 엄중히 훈계하며, 개과천선할 것을 다짐하는 서약서를 받기도 합니다. 또 '조건부 기소유예'를 내리기도 합니다. 조건부 기소유예란 검사가 피의자에게 피해배상 또는 수강명령의 이행, 치료 등 일정한 의무를 부과하고 이를 준수할 것을 조건으로 기소유예를 해주는 것을 말합니다. 조건을 이행하지 않으면 기소유예 처분은 취소되어 재판을 받아야 합니다.

고소인의 입장에서는 가해자가 유죄임에도 재판도 받지 않는다는 것이 너무나 괘씸하고 억울할 수 있습니다. 그런데 실무에서 피해자나 고소인이 있는 범죄에서 고소인의 의사와 무관하게 검사가 기소유예를 주는 일은 거의 없습니다. 즉 고소인과의 합의가 기소유예의 중요한 조건이라는 의미이지요. 만일 합의도 되지 않았는데 검사가 기소유예 처분을 내렸다면 고소인이자 피해자는 불복하여 항고할 수 있습니다. 기소유예도 불기소 처분의 일종이기 때문입니다.

▶ 검찰사건사무규칙 별지 제158호서식 고소·고발 사건 처분결과 통지서

■ 검찰사건사무규칙 [별지 제158호서식]

○○○검찰청

우편번호/	주소/		전화/	팩스/

수 신 :   발 신 :   검사   ㊞

제 목 : 고소 · 고발사건 결정결과 통지

귀하가 고소·고발하신 우리 청   년 형제   호 사건에 관하여 아래와 같이 결정하였으므로 통지합니다.

피의자명			
수리죄명		처분일자	
결정죄명 및 결과			
공소시효 만료일	단기 . . .		장기 . . .

-결정결과에 대한 안내-

1. '불기소' 결정에 대하여 불복이 있을 경우에는 이 통지서를 받으신 날부터
   가. 30일 이내에 불기소결정에 대한 항고(「검찰청법」 제10조)를 하실 수 있습니다.
      (만약 항고 기각 시 고소인 및 「형법」 제123조부터 제125조까지의 죄 및 「공직선거법」 제273조에 정한 죄 등에 대한 일부 고발인은 10일 이내에 관할 고등법원에 재정신청을, 그 밖의 고발인은 30일 이내에 대검찰청에 재항고를 각각 제기 가능)
   나. 다만, 고소인 및 가목에 규정된 일부 고발인은 ① 항고 이후 재기수사가 이루어진 다음에 다시 불기소결정 통지를 받은 경우, ② 항고 신청 후 항고에 대한 결정이 행하여지지 아니하고 3개월이 경과된 경우, ③ 검사가 공소시효 30일 전까지 공소를 제기하지 않는 경우에는 항고를 제기하지 아니하고 바로 재정신청을 제기하실 수 있습니다.
      (① 및 ②의 경우는 그 사유가 발생한 날부터 10일 이내에, ③의 경우는 공소시효 만료 전날까지 신청서 제출 필요)
   다. 항고 또는 재정신청을 하기 위하여 할 때에는 항고장 또는 재정신청서를 위 기일 내에 우리 청에 제출하셔야 하며, 위 기간 경과 후에는 항고 또는 재정신청이 있더라도 기각됨을 유의하시기 바랍니다.
      ※ 항고는, 검사로부터 불기소결정 통지를 받은 고소·고발인이 그 검사가 속한 검찰청을 거쳐 관할 고등검찰청 검사장에게 제기하는 불복절차를 말하고, 재정신청은, 검사로부터 불기소결정 통지를 받은 고소인 및 일부 고발인이 항고기각이 있는 등 일정한 경우 그 검사가 속한 검찰청을 거쳐 관할 고등법원에 그 당부에 관한 재정을 신청하는 불복절차를 말합니다.
   라. 불기소이유를 알고 싶을 때에는 우리 청 혹은 가까운 검찰청 민원실을 방문하시거나 형사사법포털을 통하여 신청 후 확인하실 수 있습니다.
2. 피의자 또는 참고인 등의 소재불명으로 '기소중지' 결정 또는 '참고인중지' 결정된 경우
   가. 그 피의자 또는 참고인 등의 소재가 발견된 때에는 그 사유를 밝혀 재기 신청할 수 있습니다.
   나. 피의자 또는 참고인 등의 소재가 발견되어 사건이 종결될 때까지 고소(고발)인의 주소 변동이 있을 때에는 우리 청 사건과로 주소 보정을 하여 주시기 바랍니다.
3. '구공판, 구약식' 결정은 사건에 대하여 법원에 재판을 청구하는 결정으로, 법원에 문의하여 법원 사건 번호를 확인하고 대법원 인터넷 사이트(safind.scout.go.kr/sf/mysafind.jsp)에서 재판진행 상황을 확인하실   수 있습니다.
4. '보완수사요구' 결정은 송치사건의 보완 수사가 필요한 경우 경찰에게 기록을 송부하는 결정으로, 문의사항이 있는 경우 담당경찰서로 연락하시기 바랍니다.
   ※「검사와 사법경찰관의 상호협력과 일반적 수사준칙에 관한 규정」(제59조제1항)은 검사는 사법경찰관으로부터 송치받은 사건에 대해 보완수사가 필요하다고 인정하는 경우에는 특별히 직접 보완수사를 할 필요가 있다고 인정되는 경우를 제외하고는 사법경찰관에게 보완수사를 요구하는 것을 원칙으로 할 것을 규정하고 있습니다.
5. '공소보류' 결정은 국가보안법 제20조(공소보류)에 따라 형법 제51조(양형의 조건)의 사항을 참작하여 공소 제기를 보류하는 결정입니다.
6. '이송' 결정은 타 검찰청 또는 타 수사기관으로 사건을 이송하는 결정입니다.
7. '소년보호사건 송치', '가정보호사건 송치', '성매매보호사건 송치', '아동보호사건 송치' 결정은 가정법원으로 사건을 송치하는 결정입니다.
   ※ 수리죄명은 고소(고발)접수 시 죄명이며, 결정죄명은 검사가 고소(고발)사실을 수사하여 결정한 죄명으로 수리죄명과 결정죄명이 다를 수 있으며, 기타 문의사항이 있을 경우에는 전화000-0000로 연락하시기 바랍니다.

210mm × 297mm(백상지 (80g/㎡))

4. 검사의 불기소 처분에 대한 대응

1) 기소율보다 불기소 처분률이 높습니다

가해자의 처벌만을 위해 달려온 고소인으로서는 검사의 불기소 처분만큼 실망스러운 결과가 없을 것입니다. 하지만 검사는 유죄 판결이 나올 정도의 입증이 없다, 즉 합리적 의심이 들지 않을 정도로 증명이 되지 않는다는 이유로 불기소 처분을 내리는 경우가 매우 많습니다. 아래 도표에서와 같이 검사가 전체 사건 중 기소하는 사건의 비율이 40%도 되지 않는 것이 현실입니다. 2021년 및 2022년에 불기소율이 전년도에 비해 급감한 것처럼 보이는 이유는 2021년 신설된 보완수사 요구로 경찰로 되돌아간 사건이 많기 때문일 것입니다.

▶ **전체 사건 접수 및 처리 현황 (단위: 명)**

	2013	2014	2015	2016	2017	2018	2019	2020	2021	2022
총접수	2,474,033	2,463,526	2,580,756	2,672,784	2,506,404	2,401,898	2,503,478	2,397,832	1,544,471	1,551,444
처분계	2,389,660	2,374,372	2,495,255	2,581,748	2,407,061	2,290,052	2,361,611	2,215,577	1,483,352	1,463,477
기소	910,158	870,322	852,314	894,616	809,882	719,980	699,111	662,077	576,547	608,836
기소율(%)	38.1	36.7	34.2	34.7	33.7	31.4	29.6	29.9	38.9	41.6
불기소	1,297,033	1,344,779	1,460,294	1,458,816	1,367,742	1,320,937	1,381,922	1,291,658	477,541	498,582
불기소율(%)	54.3	56.6	58.5	56.5	56.8	57.7	58.5	58.3	32.2	34.1

(출처: 대검찰청 검찰통계시스템)
처분계 = 기소+불기소+이송
기소 = 구공판+구약식
불기소 = 혐의없음+기소유예+죄가안됨+공소권없음+각하+기소중지+참고인중지+공소보류
이송 = 소년보호/가정보호/성매매보호/아동보호사건송치+타관이송 (2017년부터)
보완수사요구 (2021년 신설)

한번 불기소 처분이 내려지면 이후 수사기관의 판단을 뒤집기란 매우 어렵지만, 불기소 처분이 곧 사건의 종결을 의미하지는 않습니다. 불기소 처분 이후에도 항고, 재정신청 등 불복 절차가 마련되어 있으므로, 아래에서는 불기소 처분이 나왔을 때 어떻게 대응해야 할지 살펴보겠습니다.

2) 불기소 이유통지서부터 발급받아보세요

말씀드린 사건처분결과 통지서에는 왜 불기소인지 이유는 기재되어 있지 않습니다. 그러니 불기소 이유를 분명히 알기 위해서는 불기소 이유통지서를 발급받아야 합니다.

불기소 이유통지서는 처분한 검찰청과 무관하게 가까운 검찰청 어디서나 발급받을 수 있으며, 고소·고발인 본인은 형사사법포털에서 신청하여 받아볼 수도 있습니다.

3) 불복방법: 항고, 재항고, 재정신청, 헌법소원

법이 보장하는 불기소 처분에 대한 불복 수단은 다음과 같이 나누어볼 수 있습니다.

- 고소인 및 일부 고발인: 고등검찰청에 항고 → 고등법원에 재정신청 → 대법원에 재항고(즉시항고)
- 나머지 고발인: 고등검찰청에 항고 → 대검찰청에 재항고
- 고소인도 고발인도 아닌 피해자: 헌법재판소에 불기소 처분의 취소를 구하는 헌법소원

① 항고(검찰청법 제10조 제1항)

고소인과 고발인 모두 불기소 처분에 대하여 항고할 수 있습니다. 항고할 의사가 있다면 불기소 처분의 통지를 받은 날로부터 30일 이내에 처분검사가 소속된 검찰에 서면으로 항고장을 내면 됩니다.

항고를 하려면 30일의 기한이 매우 중요합니다. 항고 기간을 놓쳐 불기소 처분이 확정되면 새로이 중요한 증거가 발견되지 않는 한 재고소를 해도 고소장 심리 후 각하로 처리하니까요(검찰사건사무규칙 제69조 제3항 제5호 재고소의 제한). 그러므로 고소인은 항고 기한을 놓치지 말아야 합니다. 그래도 항고인이 자신에게 책임이 없는 사유로 정해진 기간 내에 항고나 재항고를 하지 못한 사실을 소명하면, 그 사유가 해소된 때로부터 30일 이내 제출해도 되며, 중요한 증거가 새로 발견된 경우에도 그 사유를 소명하면 기한이 지나도 항고를 받아주기도 합니다.

항고 기간이 얼마 남지 않아 급할 때는 항고이유를 적지 않고 항고장을 먼저 접수한 다음 나중에 항고이유서를 제출하기도 합니다. 하지만 가급적 항고장에 항고이유를 기재하여 함께 제출하기를 권장하고, 항고이유서를 나중에 낼 때는 언제 사건이 고등검찰청으로 올라갈지 알 수 없으므로 항고장을 접수한 처분청에 전화를 걸어 기록이 어디에 있는지 확인할 필요가 있습니다. 물론 검찰에서 먼저 연락이 오기도 하지만요.

항고 사건은 보통 1~2개월 내에 결정이 나고, 항고에 대한 처분 없이 3개월이 경과한 경우 재정신청이나 재항고를 할 수 있기

		2014	2015	2016	2017	2018	2019	2020	2021	2022
접수	항고	26,920	28,154	28,406	28,334	30,687	35,373	38,541	21,091	17,338
	재항고	908	1,198	1,153	1,454	1,552	2,086	2,658	1,816	1,763
신수	항고	25,204	26,123	25,988	25,735	27,931	32,382	35,160	17,152	15,798
	재항고	713	1,041	987	1,284	1,375	1,771	2,091	1,360	1,509
처리	항고 재기수사 명령 등	2,569	2,405	2,309	2,567	2,967	3,199	3,233	2,012	1,330
	기각 등	22,320	23,331	23,498	23,012	24,729	28,793	31,364	17,539	14,272
	재항고 재기수사 명령 등	30	34	33	35	32	49	66	41	28
	기각 등	721	998	950	1,242	1,205	1,470	2,136	1,521	1,169

(출처: 대검찰청 검찰통계시스템)
신수 : 당해년도 1. 1.부터 12. 31.까지 접수한 건수

때문에 3개월 이내에는 결정을 받을 수 있습니다. 고등검찰청이 항고를 받아들여 처분청에 재수사를 명할 경우 '재기수사 명령'을, 바로 공소제기를 명할 경우 '공소제기 명령'을, 불기소 처분을 유지하되 내용을 일부 변경할 경우 '주문변경 명령'을, 항고를 받아들이지 않는 경우 '항고기각 결정'을 합니다. 이때 처분청으로 되돌려 보내지 않고 고등검찰청에서 직접수사를 하기도 합니다(이를 '직접경정'이라고도 합니다. 검찰청법 제10조 제2항).

실제 통계를 보면, 항고와 재항고 사건은 매해 높은 접수율을 보이고 있지만 기각률은 매우 높음을 알 수 있습니다.

② 재정신청(형사소송법 제260조)

재정신청은 항고가 기각될 때 할 수 있는 이의 방법입니다. 이

번에는 검찰이 아닌 법원에 검사가 공소제기를 할 수 있도록 요구하는 절차이지요. 원칙적으로 고소인만 할 수 있고 고발인은 직권남용의 죄, 피의사실공표죄 등 일부 범죄(형법 제123조부터 제126조까지의 죄)에 한하여 재정신청을 할 수 있습니다.

재정신청은 항고기각 결정이 있을 때뿐만 아니라 항고 후 재기수사가 이루어진 다음에 다시 공소를 제기하지 않는다는 통지를 받은 경우, 항고에 대한 처분이 행하여지지 아니하고 3개월이 경과한 경우, 검사가 공소시효 만료 30일 전까지 공소를 제기하지 않는 경우에도 할 수 있습니다(형사소송법 제260조 제2항 각호).

재정신청은 서면으로 지방검찰청 검사장 또는 지청장에게 하여야 합니다. 재정신청을 하고자 할 때 특히 유의할 점은 신청 기간이 매우 짧다는 점입니다. 재정신청은 항고기각 결정을 통지받은 날로부터 10일 이내에 해야 하고 이때 이유도 함께 기재해야 합니다. 재정신청을 접수한 법원은 3개월 내에 공소제기 여부를 결정해야 합니다.

③ 재정신청의 기각 결정에 대한 법원 재항고(즉시항고, 형사소송법 제415조)

재정신청마저 기각된다면 항고인은 대법원에 재항고를 할 수 있습니다. 이 재항고는 즉시항고의 성격을 지니며, 기각 결정이 부당하다고 해서 무조건 할 수 있는 게 아니라 재판에 영향을 미친 헌법·법률·명령 또는 규칙의 위반이 있음을 이유로 하는 때에 한하여 할 수 있습니다. 얼마 전 법이 개정되어 즉시항고 제기 기한은 3일에서 7일로 늘어났습니다.

④ 항고기각 결정에 대한 검찰 재항고(검찰청법 제10조 제3항)

앞서 재정신청은 원칙적으로 고소인만 할 수 있고, 고발인은 몇몇 죄에 대해서만 가능하다고 말씀드렸습니다. 이에 따라 재정신청을 할 수 없는 고발인들이 항고기각에 대해 불복할 수 있는 절차가 바로 재항고입니다.

⑤ 헌법소원(헌법재판소법 제68조 제1항)

피해자가 고소인이나 고발인 지위를 갖지 아니하여 수사기관의 인지 등에 의해 수사가 이루어지는 경우, 불기소 처분이 있더라도 말씀드린 항고를 통해 다툴 수 없습니다.

이 경우 최후의 구제책이 있다면 바로 헌법소원일 것입니다. 헌법재판소는 피해자가 항고 등 다른 수단으로 권리구제를 받지 못할 때 예외적으로 불기소 처분의 취소를 구하는 헌법소원 심판을 청구할 수 있다고 하였습니다(헌법재판소 2010. 6. 24. 선고 2008헌마716 결정).

단, 고발인은 피해자가 아니므로 검사의 불기소 처분을 받아도 기본권이 침해되었음을 이유로 헌법소원심판을 청구할 수 없다고 보니 유의하시기 바랍니다(헌법재판소 1990. 12. 26. 90헌마20 전원재판부 결정).

6장

재판으로 넘어갔다면

피해자가 1심부터 대법원 단계까지 유죄판결을 끌어내기 위해 최선을 다한 사례

피해자는 고소와 수사 단계에서뿐만 아니라 공판 단계에서도 많은 노력을 해야 한다. 특히 가해자가 대법원 상고까지 진행하면서 치열하게 무죄를 다투는 경우, 피해자는 1심에서 증인으로 출석해 기억하고 싶지 않은 과거에 대해 판사, 검사, 상대방 변호인으로부터 질문을 받으며 버텨야 한다.

E씨는 회식 자리가 파한 후 만취한 상태에서 자신이 다니는 직장의 상사에게 강간을 당해 열상을 입고 외상 후 스트레스 장애 진단을 받았으며, 회사 대표와 회식 자리에 있었던 관계자들로부터 합의와 고소 취소를 종

용당하는 등 2차 피해에 시달렸다. 가해자 또한 숙박업소 직원과 대리기사의 진술을 확보하여 적극적으로 무죄를 다투었다. 당시 E씨가 미약하게 의식이 있었으나 신체를 마음대로 움직일 수 없는 항거불능 상태였는지가 중요한 쟁점이었다.

필자는 E씨를 조력하기 위해 수사 단계에서뿐만 아니라 3심에 걸친 재판 과정에서도 여러 차례 의견서를 제출하고, 피해자 대신 공판기일에 출석하였다. 수사가 끝나 기소된 사건이 재판으로 넘어가게 되면 수사 검사가 재판을 진행하는 것이 아니라 공판 검사가 새로 배정되기 때문에, 공판 검사에게 피해자의 입장을 잘 전달하기 위해서는 공판 과정에서도 적극적으로 검찰과 소통할 필요가 있다. 또한 적절하게 피해자의 기록 열람등사청구권을 행사하여 공소장과 증거 목록을 확인하고 검사나 가해자(피고인) 측에서 누락한 증거자료를 제출하는 일도 피해자의 몫이다.

E씨와 함께 포기하지 않고 끝까지 노력한 끝에 가해자는 준강간치상죄로 5년의 실형을 받고 구속되었다.

1. 공소의 제기: 구공판과 구약식

사건을 수사한 검사는 피의사실이 충분히 증명되었다고 판단하면 법원에 피의자가 재판을 받게 해달라는 청구를 하는데, 이를 '공소의 제기' 혹은 '기소'라고 합니다. 공소가 제기되면 피의자는 피고인이 됩니다.

형사 재판을 머릿속에서 떠올릴 때, 피고인이 법정에 나가서 판사나 검사를 직접 만나는 상황을 생각하시는데요. 이처럼 피고인이 직접 법정에 나가서 재판을 받도록 검사가 공소제기하는 방식을 '구공판'이라고 합니다.

그러나 재판에 나가지 않고 서면으로 심리를 받도록 할 수도 있는데요. 이러한 공소제기 방식을 '구약식', 약식기소라고 합니다. 서면심리만으로도 판사가 유죄가 인정된다고 판단할 경우 벌금을 내라는 내용을 담은 약식명령을 고지합니다.

영화나 드라마를 보면 구공판이 대부분일 것 같지만, 실상은 그렇지 않습니다. 《2022 검찰연감》에 따르면, 2021년 한 해 동안 검찰이 기소한 사건이 576,547건인데, 구공판 사건은 193,457건, 구약식 사건은 383,090건입니다. 즉 구약식 사건이 전체 기소 사건의 66%나 차지하지요. 그 전년도 검찰연감을 보면 2020년 전체 기소 사건 중 구약식 사건은 67% 정도였습니다.

사실 고소인의 입장에서 구약식은 불이익한 처분이나 다름없습니다. 일단 구약식은 오로지 벌금형 이하의 형벌(즉 벌금, 과료, 몰수)에 대해서만 가능합니다. 고소인이 가해자를 반드시 감옥에 보내야 한다는 생각에 고소까지 했다면, 가해자가 고작 벌금만 내면 되는 것 자체가 기가 막힐 수밖에 없습니다. 또 약식명령으로 끝나버리면 고소인은 피고인이 심판대에서 재판받는 모습을 지켜볼 수도 없는 데다가 피해자가 법정에 나가 진술을 하거나 배상명령을 신청할 수도 없습니다. 그러니 이를 막고자 한다면, 고소인은 수사 단계에서부터 가해자를 엄벌해달라는 의지를 줄기차게 내비쳐야 합니다.

구약식으로 기소되더라도 법원에서 직권으로 공판절차에 회부하기도 하고, 검사나 피고인이 약식명령에 대해 정식재판을 청구하여 정식 공판절차가 진행되기도 합니다. 그러면 구공판 사건과 절차가 같아지지요. 당연히 구약식으로 인해 행사할 수 없었던 고소인의 권리도 그대로 행사할 수 있습니다.

2. 고소인에 대한 재판절차 통지

앞서 말씀드렸다시피 검사는 공소제기를 하면 이를 7일 이내로 고소인에게 통지합니다. 그런데 그 통지된 문자나 우편물에 법원 사건번호나 공판 일정은 나오지 않습니다. 사건번호나 공판 일정까지 구체적으로 알고 싶다면 검찰에 전화로 물어봐도 되지만 형사절차 정보제공 신청서를 제출할 수도 있습니다. 수사 단계는 물론이고 기소 후 공판 단계에서도 제출할 수 있습니다.

▶ 범죄피해자 보호 및 지원에 관한 지침 별지 제14호서식 형사절차 정보제공 신청서

형사절차 정보제공 신청서

신청인	성 명 :		주민등록번호 :		
	주 소 :				
	연락처 :		이메일 :		
	피해자와의 관계 :				
피해자	성 명 :		주민등록번호 :		
	주 소 :				
	연락처 :				
피의자 (피고인)	성 명 :				
	죄 명 :				
	사건번호 :				
	관할경찰서 또는 사건번호:				

	순번	종 류	신청
형사절차 정보제공	①	사건처분결과	☐
	②	공 판 개 시	☐
	③	재 판 결 과	☐
	④	구금상황 (수사 및 재판 중 구속석방)	☐
	⑤	출소 등 형집행상황	☐

※ 공판개시 및 재판결과는 피고인에 대한 공판절차가 진행(구공판)된 경우에만 그 신청이 가능함
※ 출소 등 형집행상황은 피고인이 징역·금고형이 확정된 이후에만 그 신청이 가능함

통지방법	서면	문자	이메일	구두	기타
	☐	☐	☐	☐	☐

년   월   일

신 청 인   (서명)

○○지방검찰청검사장(지청장) 귀하

Q

인터넷으로 진행상황을 확인할 수는 없나요?

수사 단계와 공판 단계를 나누어 말씀드리겠습니다.

수사 단계에서 사건번호를 알면 형사사법포털(www.kics.go.kr) 사이트에서 사건 조회를 할 수도 있습니다. 그런데 조회해봐도 수사 중일 때는 '수사 중', 경찰 단계에서는 송치 여부, 검찰 단계에서는 처분결과만을 알 수 있지, 피의자를 소환했는지, 압수·수색은 했는지, 피의자가 무슨 자료를 냈는지, 처분은 언제쯤 나는지 등 고소인이 알고자 하는 구체적인 정보는 전혀 없습니다.

공판 단계에서 법원 사건번호를 알면 대법원 '나의 사건 검색'으로 사건 진행상황을 볼 수 있습니다. 대법원 나의 사건 검색을 이용하면 선임한 변호인의 이름, 공판기일과 법정, 병합 여부, 서면제출 여부, 선고기일 등 수사단계보다는 자세한 정보를 얻을 수 있습니다.

3. 범죄 피해자 재판절차 진술권

고소인도 재판에 나가서 재판을 지켜볼 수 있는지 궁금한 분들도 있으실 겁니다. 형사재판은 공개 재판이 원칙입니다. 재판이 궁금하신 분이든 누구든지 법정에 들어가서 방청을 하실 수 있습니다. 고소인 아닌 사람도 방청이 가능하니 고소인도 당연히 방청할 수 있습니다.

그런데 단순 방청 말고 적극적으로 판사님 앞에서 진술을 하고 싶으신 분들도 있을 것입니다. 법은 범죄 피해자가 법정에 나가 증인으로 진술을 하겠다고 신청할 수 있는 권리를 보장해뒀는데, 이를 범죄 피해자의 재판절차 진술권이라고 합니다. 이는 헌법에도 명시된 피해자의 권리이기도 합니다.

피해자 의견 진술서를 낼 수도 있고, 직접 법정에서 구두로 진술을 하고 싶으시다면 '0월 0일 공판에서 직접 의견을 진술하겠다'라고 간단히 내용을 적어 법원이나 검찰에 신청할 수도 있습니다. 규정상 이미 피해자가 수사나 공판 절차에서 충분히 진술하여 다시 진술할 필요가 없다고 인정되거나 피해자의 진술로 공판절차가 현저히 지연될 우려가 있을 경우에는 진술을 제한할 수 있도록 되어 있기는 합니다. 그러나 아무리 이러한 규정이 있더라도 피해자가 권리를 행사하겠다고 하면 재판장이 짧게라도 기회를 주곤 합니다. 공판정 방청석에 앉아 있다가 손을 들고 "판사님, 저 피해자인데 할 말이 있습니다"라고 말하면 재판장이 "앞으로 나와서 말해보세요"라며 진술을 허락하는 일도 많습니다.

4. 증인소환장을 받았다면, 반드시 법원에 출석해야 합니다

앞에서 말씀드린 방청권이나 피해자 진술권 부분에서 눈치채셨겠지만, 원칙적으로 고소인은 법원에 출석할 의무는 없습니다. 따라서 고소인이라는 이유만으로 법원에서 출석하라고 하지 않습니다.

마찬가지로 배상명령을 신청해도 고소인이 출석할 의무는 없습니다. 고소인이 배상명령을 신청했을 때에는 법원에서 기일 통지를 해주기는 합니다. 그러나 배상신청인이 출석하지 않아도 신청서는 진술한 것으로 간주되어 재판이 진행될 수 있기 때문에 배상신청인인 피해자가 출석할 의무는 없습니다.

그런데 고소인이 반드시 법정에 나가야 할 경우가 있는데요, 이는 법원에서 증인으로 채택되어 소환장을 받은 때입니다. 적극적으로 법정에 나가서 피해를 말씀하시고 싶은 고소인들도 계시겠지만, 오히려 고소장 내고 경찰에 불려 다니느라 바빴는데 굳이 다시 법원까지 나가야 하느냐고 생각할 수도 있습니다.

그러나 증인으로 채택이 되었다면 반드시 법정에 나가야 하며, 그 이유는 크게 두 가지로 정리할 수 있습니다.

첫 번째는 법이 정당한 사유 없이 불출석한 증인에게 불이익을 주고 있기 때문입니다. 형사소송법 제146조는 '법원은 법률에 다른 규정이 없으면 누구든지 증인으로 신문할 수 있다'라고 명시하고 있습니다. 이에 근거하여 소환받은 증인이 불출석을 하면 법원은 증인에게 500만 원 이하의 과태료를 부과할 수 있고, 과태료를 받고도 나오지 않으면 강제로 증인을 구인할 수도 있습니다. 형사 재판의 목적이 진실을 밝히는 것인데, 이를 위해서는 관련자들의 증언이 매우 중요하기에 이러한 강제조치까지 마련해 두었습니다.

두 번째는 바로 고소의 목적을 달성하기 위해서입니다. 고소장에 피해사실을 다 적어내고 경찰에 가서 다시 구체적으로 진술을 하였더라도, 고소인이 법정에 나오지 않으면 판사가 그 고소장이나 진술조서를 읽어볼 수 없습니다. 피고인이 법정에서 무죄를 주장하면서 '고소인의 진술에 부동의'한다면, 절차상 고소인이 법정에 나와서 고소장이나 경찰 진술조서는 '내가 진술한 내용과 동일하게 기재되어 있다'라고 진술하고, 피고인이나 피고인의 변호사가 고소인을 증인으로 반대신문할 수 있어야 판사가 해당 고소장이나 진술조서를 읽어볼 수 있게 됩니다. 가해자 처벌을 위해 고소장도 쓰고 경찰서에 가서 진술도 했는데, 처벌을 내리는 판사가 해당 고소장이나 진술조서를 읽어보지도 못한다면 고소인이 지금까지 한 노력 또한 물거품이 되는 것이나 다름없습니다. 그러니 아무리 이미 다 말하고 적어내기까지 했어도, 증인소환장을 받으면 반드시 법정에 나가서 증언을 해야 고소의 목적을 이룰 수 있습니다.

5. 해당 기일에 출석이 어렵다면 불출석 사유서를 내세요

증인소환장에는 출석해야 할 날짜가 적혀 있는데, 그 날짜에 이미 일정이 있어 출석이 어려울 수도 있습니다. 그러면 해당 날짜 이전에 법원에 불출석 사유서를 내시면 됩니다. 따로 양식이 있는 것은 아니고 왜 출석이 어려운지 납득할 만한 사유를 적어서 내시면 됩니다. 회사 출장, 병원 예약, (미성년자의 경우) 학교수업

정도면 출석이 어렵다고 볼 만한 사유가 되겠지요. 불출석 사유
서에 출석 가능한 때가 언제인지도 함께 적으시면 법원에서 다음
기일을 지정할 때 이를 참고하여 정합니다. 실제 불출석 사유서
에 '특정 시간 이후에는 아이를 어린이집에서 데려와야 해서 그
전까지만 가능합니다'라고 기재한 사례도 있었습니다.

6. 증인지원절차를 활용하세요!

형사재판에 증인으로 나온다면 가해자 측과 마주칠 수밖에 없는
것이 현실입니다. 그러나 고소인 중에는 가해자나 그 가족들과
마주치는 일에 극도의 불안감을 느끼시는 분들도 있습니다. 특히
진실을 말했고 강력한 처벌을 탄원했다면, 보복이 더더욱 두려울
수 있지요.

수사기관이나 법원도 이를 잘 알고 있어 증인을 보호하는 제도
를 몇 가지 마련하고 있습니다. 공판검사에게 법원 출석 시 동행
이나 비공개 심리를 요청하면 도움을 받을 수 있습니다. 증인이
법원에 직접 증인지원절차를 신청하셔도 됩니다. 증인의 가족이
나 지인, 피해자 변호사 등 증인의 심리적 안정이나 원활한 의사
소통에 도움을 줄 수 있는 사람이 옆에 앉은 상태에서 증언을 할
수도 있고, 비디오 등 중계장치를 통해 증인신문을 할 수도 있습
니다. 중계장치까지는 아니더라도, 피고인의 얼굴이 보이지 않게
차폐시설을 설치한 상태에서 신문할 수도 있습니다.

증인이 법원에 이러한 절차를 요청하면, 법원은 알아서 비공개 심리를 하기로 결정하는 것이 일반적입니다. 앞서 말씀드린 바와 같이 형사재판은 공개재판이 원칙이라 누구든지 방청을 할 수 있습니다. 그러나 비공개 재판을 하도록 하면, 피고인의 가족도 방청이 불가능합니다. 혹시라도 법원이 비공개 결정을 하지 않을까 봐 걱정이 되신다면 미리 증인신문에 대한 비공개 신청을 하시면 됩니다.

7. 증인신문 전에 알아야 할 것

이미 사건이 발생한 지 몇 년이 지난 후에야 증인신문을 하는 경우도 많습니다. 그러니 이미 고소인은 고소장에 뭘 적어냈고, 경찰에서 무슨 말을 했는지 다 잊어버렸을 수도 있지요. 그런데 수사기관에서의 진술과 법정에서의 진술이 달라진다면 판사로서는 '말이 저렇게 바뀌는데 과연 진실일까?'라는 의문을 가질 수 있습니다. 그러니 증인의 진술이 진실임을 인정받기 위해서는 증인신문 전에 고소장이나 고소인 진술조서를 읽어서 기억을 환기한 다음 법정에 나가는 것이 좋습니다. 그렇다고 해서 고소장 등 수사기관에 제출한 서류를 들고 가거나 할 말을 적어서 가는 것은 권하지 않습니다. 증인신문 때 다른 자료를 보면서 진술할 수는 없도록 하고 있으니까요.

증인은 증인신문사항을 미리 보지 못하고 법정에 갑니다. 그러니 고소장이나 고소인 진술조서를 읽고 가더라도, 수사 때 말하지 않은 새로운 사실관계에 대한 질문이 있을 수 있습니다. 주로 피고인의 변호인의 질문이 그럴 때가 많지요. 이 경우 기억이 나지 않으면 '기억나지 않는다'라고 말씀하시면 됩니다. 추측에 불과한 말을 확실한 사실처럼 말했다가 나중에 위증죄로 수사나 처벌을 받는 경우도 있었습니다.

증인 중에는 추가 증거를 증인신문 당일에 가지고 와서 법정에 내려고 하시는 분들도 있습니다. 하지만 추가 증거를 바로 법원에 낼 수는 없습니다. 고소인의 추가 증거는 보통 피고인의 유죄를 입증하기 위한 증거인데, 이 유죄의 증거는 해당 재판의 공판검사가 제출할 수 있거든요. 그러니 혹시 추가 증거를 제출하고 싶으시다면 미리 해당 검찰 공판부에 연락을 하여 공판검사와 상의한 다음 검찰에 제출을 하실 것을 권합니다. 법원 증인신문 때 재판장에게 증거를 내겠다고 하셔도 어차피 '검사와 상의하라'라고 하는 게 현실입니다. 공판부 연락처는 수사검사실에 문의하거나 재판부에 문의하면 알 수 있으실 겁니다.

한편 증인, 특히 피해자나 목격자인 증인에게는 증인소환장과 함께 〈형사사건 증인을 위한 안내〉도 발송이 됩니다. 그 내용 안에는 지금까지 말씀드린 내용이 간략히 기재되어 있으니 참고하시길 바랍니다.

형사사건 증인을 위한 안내

1. 형사사건 증인을 위한 안내

☺ 왜 증언을 해야 하나요?
▷ 법원은 증거에 따라 재판을 하여야 합니다. 따라서 증인이 증언하지 않는다면 증거부족으로 실체적 진실과 다른 판결이 선고될 수 있습니다.

☺ 꼭 출석해야 하나요?
▷ 법률상 증인으로 채택된 사람은 정해진 일시, 장소에 출석해 증언해야 합니다.
▷ 당일 출석하기 어려운 정당한 사유가 있는 경우에는 증인소환장에 기재된 담당재판부에게 알리고 재판기일의 변경을 요청할 수 있습니다.
▷ 증인으로 출석하면 출석을 위해 소요된 소정의 비용(여비, 일당 등)을 지급받을 수 있습니다.
▷ 증인이 정당한 이유 없이 출석하지 않는 경우에는 과태료, 구인, 감치 등 불이익한 처분을 받을 수 있습니다.

☺ 수사기관에서 진술했는데도 다시 법정에서 증언해야 하나요?
▷ 증인이 수사기관에서 한 진술을 기재한 서면은 피고인이 그 내용을 인정

하지 않으면 증인의 법정진술 없이는 증거로 사용할 수 없습니다.

▷ 증인은 법관 앞에서 선서를 한 후, 수사기관에서 진술했던 내용에 구애받지 않고 사실을 기억나는 대로 증언할 수 있습니다.

☺ **무엇을 어떻게 증언해야 하나요?**

▷ 증인은 자신이 경험한 사실을 기억나는 대로 이야기하면 됩니다.

▷ 질문이 이해되지 않는다면 다시 설명해 달라고 요청하고, 기억나지 않을 때는 잘 기억나지 않는다고 말하면 됩니다.

▷ 증언할 때 자신이 기억하는 것을 말해야지 추측해서 말하면 안 됩니다.

☺ **증언을 거부할 수는 없나요?**

▷ 증인은 자기나 친족 또는 친족관계에 있었던 자, 법정대리인, 후견감독인이 형사처벌을 받을 사실이 드러날 염려가 있는 질문에 대하여는 증언을 거부할 수 있습니다.

▷ 변호사, 의사 등 특수한 직업을 가진 증인이 업무상 알게 된 타인의 비밀에 관한 것은 증언을 거부할 수 있습니다.

▷ 증인이 정당한 이유 없이 선서나 증언을 거부하면 과태료 처분을 받을 수 있습니다.

2. 일반증인지원서비스

⊙ 우리 법원은 법원에 출석하는 모든 형사사건의 증인이 편안하고 안정된 상태에서 증언할 수 있도록 증인지원서비스를 제공하고 있습니다.

⊙ 증인은 법정동 입구 안내데스크에서 증인지원실을 안내받을 수 있습니다.

⊙ 증인은 증인지원실에서 재판의 절차나 증인신문절차, 법정의 위치 등에 대해 설명을 듣고 휴식을 취할 수 있습니다.

⊙ 증인은 증인지원실에서 휴식을 취하다가 증인신문시간이 되면 증인소환 장에 기재된 법정으로 증언하러 가면 됩니다.

⊙ 증언이 끝난 뒤에도 원하시면 증인지원실에서 증인지원관으로부터 상담을 받거나 휴식을 취한 후 귀가할 수 있습니다.

⊙ 증인 출석과 관련하여 생명과 신체에 위협을 느끼거나 특별한 사유가 있어 신변보호가 필요한 증인은 증인신문기일 전에 재판부 또는 증인지원실로 연락하여 도움을 요청할 수 있습니다.

3. 증인신문절차

◈ 신분 확인

증인임을 확인하기 위하여 신분증(주민등록증, 운전면허증, 여권, 외국인등록증, 학생증 등)을 확인합니다.

◈ 선서

증인의 기억에 반하는 내용을 증언할 경우 위증죄로 처벌받을 수 있음을 선서합니다.

◈ 검사·변호인·법관의 질문에 대하여 증언

검사, 변호인, 법관의 질문에 대하여 증인이 기억하는 대로 말합니다.

◈ 피해자 증인 의견 진술

피해자 증인은 증언이 끝난 뒤 재판장의 허가를 구한 후 피해의 정도, 피고인의 처벌, 사건에 관한 의견 등을 진술할 수 있습니다.

증인지원실 이용 안내서

1. 우리 법원은 사건의 진실을 밝히기 위해 법원의 형사재판절차에 출석하는 증인이 편안하고 안정된 상태에서 증언할 수 있도록 법정동 ○○○○에 일반증인지원실을 운영하고 있습니다.

2. 법원에 출석한 증인은 자신의 순서가 될 때까지 일반증인지원실에서 대기하면서 휴식을 취하다가 증인신문시간이 되면 증인소환장에 기재된 법정으로 증언하러 가시면 됩니다.

3. 증인지원실에 입장하는 증인은 신분증 및 증인소환장을, 증인의 조력자로서 동행하신 분은 신분증 및 증인과의 관계를 소명할 자료(가족관계등록부 등)를 증인지원관에게 제출하여 주시기 바랍니다.

4. 증인지원실은 전담 직원인 증인지원관을 두고 증인을 위한 절차 안내, 정보 및 자료 제공, 증인의 휴식 및 대기 서비스를 제공하고 있습니다. 재판절차나 증인신문절차에 대해 궁금하신 사항은 증인지원관에게 문의하고 도움이 필요한 경우 증인지원관에게 도움을 요청하시면 됩니다.

일반증인지원실 ☎
주소:

증인지원절차 신청서

○○지방법원 제○○형사부 귀중

사건: 2022고단1111

아래 각 절차 중 원하는 절차가 있으신 경우에는 해당 절차 옆의 괄호 안에 ○ 또는 ✔ 등으로 표시한 뒤 증인신문 기일 이전에 미리 증인지원관 또는 재판부에 제출하시면 됩니다. 신청서 제출은 법원에 방문하여 직접 제출할 수도 있고 우편으로 제출할 수도 있습니다. 한편 이미 증인지원관 또는 재판부에 전화 등으로 신청한 경우에는 증인신문 당일 증인지원관을 통해서 신청서를 제출하시면 됩니다.

아래 각 절차에 관한 상세한 내용은 동봉된 「증인을 위한 안내」서면에 기재된 내용을 참고하시기 바랍니다. 다만 아래 각 절차의 실시 여부는 최종적으로 재판부에서 결정함을 알려 드립니다.

아래와 같은 절차를 시행하여 줄 것을 신청합니다.

2022년 11월 1일

신청인 ○○○ (서명 또는 날인)

수원지방법원 귀중

- 아래 -

증인신문 전후의 동행 및 보호	·······························	( )
비공개 심리 (방청객 퇴정)	·······························	( )
증언 도중 피고인과의 접촉 차단	·······························	( )
신뢰관계 있는 사람의 동석	·······························	( )

※ 동석할 신뢰관계 있는 사람의 인적 사항

① 이름 :

② 증인과의 관계 : □ 배우자, □ 직계친족, □ 형제자매, □ 가족,

   □ 동거인, □ 고용주, □ 변호사, □ 기타(   )

재판결과 통지 ······························· (   )

※ 아래 두 가지 항목에 대하여 중복 신청이 가능합니다.

1. 유무죄 여부 및 유죄 선고시 형량에 대한 간략한 통지 ······ (   )

   □ 휴대전화 문자메시지 사용 (전화번호 :   )

   □ 이메일 사용 (이메일 :   )

2. 판결문 사본의 송부 ······························· (   )

   (송달받을 주소 :   )

다만, 판결등본의 송부를 신청하고자 하는 피해자 등은 피해자 등 판결

등본 송부신청서와 민원우편회송용 봉투를 제출하고 재판기록 열람·

복사 규칙에 따른 수수료를 납부하여야 합니다.

8. "양형조사를 한다던데요?!"

고소인은 갑자기 법원양형조사관이라는 사람으로부터 전화를 받을 수 있습니다. 피고인이 양형조사를 신청하거나 신청이 없더라도 재판장이 법원조사관에게 양형조사를 하라고 명할 수 있거든요. 양형조사는 조사할 내용 안에 피해자의 상태나 태도, 합의 의사가 포함될 때가 많아 조사관이 피해자인 고소인에게 전화하기도 합니다. 피고인을 마주할 필요 없이 편안한 상태에서 말을 할 수 있다는 장점이 있으니 질문에는 솔직히 대답하시고, 관련 자료를 내셔도 됩니다. 물론 양형조사 결과는 재판장이 참고만 하는 자료라서 고소인이 실형에 처해달라고 해도 피고인이 실형을 선고받지 않을 수도 있습니다.

7장

드디어 유죄판결이 나왔다!

1. 1심 판결은 일단락입니다

1심 법원은 증거조사를 마치면 변론 종결을 하고 판결 선고기일을 잡습니다. 고소의 목적은 가해자에 대한 처벌이잖아요. 그러니 1심 판결을 받으면, 고소의 목적이 일단락되는 것이라고 할 수 있지요.

그러나 제가 최종 달성이 아니라 그저 일단락에 불과하다고 말씀드리는 것에는 몇 가지 이유가 있습니다.

먼저, 1심 판결에서 원하지 않는 결과가 나올 수 있습니다. 피고인에 대해 무죄가 선고되거나, 지나치게 가벼운 처벌이 나올 수 있습니다. 두 번째로는 1심에서 고소인이 원하는 결과가 나왔더라도 피고인이 항소를 하고 항소심에서 결과가 달라질 수도 있습니다. 고소인이 원하는 결과는 통상 피고인이 원하는 결과와는 반대기 때문에 피고인으로서는 항소를 하는 것이 일반적이지요. 세 번째는 고소의 목적이 형사처벌 외 손해배상일 수도 있는데 형사 1심까지 손해배상을 전혀 받지 못했다면 민사소송을 제기하거나 항소심에서 손해배상을 받을 수 있도록 해야 하기 때문입니다.

2. 고소인의 입장에서 원하지 않는 판결이 나왔을 때

1심에서 무죄가 선고되었다면, 고소인으로서는 매우 당황스러울 수밖에 없을 것입니다. 또 무죄를 선고받은 피고인이 '너도 당해 봐라'라는 심정으로 무고죄로 역공을 할 수도 있으니 두려울 수도 있습니다. 고소인으로서는 이대로 끝낼 수는 없겠지요.

1심에서 무죄가 나오면 대부분 검사가 알아서 항소를 합니다. 그러나 혹시라도 항소하지 않을까 봐 걱정되신다면 공판검사실에 연락하여 적극적으로 항소를 해달라고 말씀해보세요. 항소기간은 선고일로부터 7일 이내이므로 반드시 그 기간 안에 말씀하셔야 합니다.

무죄까지는 아니더라도 고소인이 보기에 지나치게 가벼운 형이 선고될 때도 있습니다. 이때도 역시 항소기간 내에 공판검사실에 연락을 하여 항소를 해달라고 말씀하시면 됩니다. 그런데 검사는 무죄와 달리 양형부당에 대해서는 무조건 항소하지는 않습니다. 검사가 징역형을 구했으나 벌금형이 선고되는 것과 같이 형의 종류가 달라졌거나, 형의 종류가 같더라도 검사가 구형한 형량의 1/2 미만이 선고되면 대부분의 검사가 양형부당으로 항소를 하기는 합니다. 그러나 양형부당에 대한 항소 여부는 고소인의 의사 등 사건의 구체적인 타당성을 고려하여 결정합니다.

3. 형사 유죄판결의 활용: 민사소송

형사 유죄판결의 대표적 활용처는 범죄 피해자로서 손해배상을 청구하는 민사소송입니다. 형사 유죄가 인정되었다는 사실은 민사소송에서 청구원인사실을 입증하는 강력한 증거가 됩니다.

보통 민사소송에서 형사 유죄판결서만 내도 입증이 부족하다고 보지는 않습니다. 형사사건에서 가해자의 변명이나 태도로 인해 피해가 매우 크다는 것을 보여주기 위해 형사기록을 내기도 하지요. 형사기록 확보 방법에 대해서는 앞의 4장의 '5.원하는 수사결과를 받기 위해 고소인이 해야 할 노력' 부분에 있는 '기록 열람·복사를 하고 싶어요' 부분을 참고하시면 됩니다.

정당한 절차를 통해 확보한 사건 기록이라고 하더라도, 결코 해당 민사사건 외 다른 목적으로 활용해서는 안 됩니다. 특히 가해자의 범죄경력자료나 수사경력자료를 확보했더라도 이를 민사소송에 함부로 제출했다가는 형의 실효 등에 관한 법률에 따라 형사처벌을 당할 수도 있습니다.

형사 유죄판결이 확정된 뒤에 소송을 제기하면, 소멸시효가 문제될 수 있습니다. 소멸시효란 권리자가 권리를 행사할 수 있음에도 행사하지 않으면 그 권리가 소멸되었다고 인정하는 제도입니다. 형사사건의 피해자는 민사소송에서 가해자를 상대로 불법행위에 의한 손해배상을 청구해야 하는데, 불법행위로 인한 손해배상 청구권은 손해 및 가해자를 안 날로부터 3년 이내 행사하지 않으면 소멸합니다. 그런데 범죄 피해 시점부터 유죄판결이 나오기까지 3년이 넘는 경우도 매우 많기 때문에 유죄판결만 기다리다가는 민사상 청구권이 사라질 수 있어 유의하셔야 합니다.

물론 대법원이 소멸시효의 시작점이 되는 '손해 및 가해자를 안 날'에 대해 피해자에게 유리하도록 피해자나 그 법정대리인이 손해와 가해자를 현실적이고도 구체적으로 인식한 날을 의미한다고 보고 있기는 합니다. 실제로 1심 유죄판결 선고일을 '손해 및 가해자를 안 날'로 봐서 그때부터 소멸시효가 시작된다고 판단한 하급심 판결이 있기도 합니다. 그래도 가해자가 소멸시효 완성을 주장할 여지조차 주지 않는 게 좋으니 피해일로부터 3년 이내에 민사소송을 제기하시는 것이 더 좋겠지요.

민사소송 시 청구할 수 있는 금액은 손해액 자체입니다. 사기라면 편취된 금원일 테고, 상해라면 병원비나 치료비 같은 것을 들 수 있겠지요. 재산적 손해에 대한 배상뿐만 아니라 정신적 손해배상 즉 위자료도 받기를 원하실 텐데요. 성폭력범죄나 상해죄, 명예훼손 등의 범죄에 대해서는 정신적 손해가 인정됩니다. 그러나 사기나 횡령 등 재산권이 침해된 경우에는 재산적 손해가 배상되면 정신적 고통도 회복되었다고 보고 있어 재산적 손해 외에 위자료까지 받기는 어렵습니다.

민사소송으로 손해배상을 청구할 때에는 손해액 외에 이에 대한 지연손해금도 함께 청구하는 것이 일반적입니다. 불법행위에 의한 손해배상액은 '손해가 발생한 날'부터 소장부본 송달일까지는 민법상 법정이율인 연 5%, 소장부본 송달 다음 날부터 다 갚는 날까지는 소송촉진 등에 관한 특례법상 법정이율인 연 12%의 지연손해금을 구할 수 있습니다. 여기서 '손해가 발생한 날'이라고 하면 일반적으로 범죄 발생일이 되는데요. 여러 건의 범죄가 각기 다른 날 발생한 경우에는 통상 손해가 발생한 날부터 소장부본 송달일까지의 지연손해금은 구하지 않습니다. 또 소송촉진 등에 관한 특례법상 법정이율은 대통령령으로 정하는데 2019. 6. 1.부터는 연 12%로 규정했으나 앞으로 바뀔 수 있으니 소 제기를 할 때 다시 규정을 찾아보시기를 권합니다.

▶ **성폭력 피해사건에서 위자료를 구한 청구취지 기재 예**

1. 피고는 원고에게 50,000,000원 및 이에 대한 이 사건 소장부본 송달 다음 날부터 다 갚는 날까지 연 12%의 비율로 계산한 돈을 지급하라.
2. 소송비용은 피고가 부담한다.
3. 제1항은 가집행할 수 있다.
라는 판결을 구합니다.

법률구조 제도의 활용

이 책을 아무리 읽어도 법적 절차를 잘 모르시겠다면 법률구조법에 따른 법률구조 제도를 적극 활용할 필요가 있습니다.

- 대한법률구조공단

대한법률구조공단은 가장 널리 알려진 법률구조 기관입니다. 범죄 피해자를 법률구조 대상자로 보기는 하나, 피해자를 위해 고소장을 작성해주거나 고소대리를 해주지는 않습니다. 다만 범죄 피해자임을 소명하면 민사 손해배상 청구 소송을 맡아 진행해줍니다. 가해자의 유죄판결문이나 공소장이 있다면 피해자라는 것을 소명하였다고 봅니다. 사건에 따라서는 경찰 사건사실 확인원만으로도 피해자로 봐주고 소송대리를 해주기도 합니다. 자세한 요건은 공단 홈페이지에서 법률구조〉소송구조〉법률구조 대상자 안내란을 참고하시기 바랍니다. (홈페이지 https://www.klac.or.kr/legalstruct/legalRescueGuideTargetType.do)

- 대한변협 법률구조재단

대한변협 법률구조재단은 대한변호사협회에서 설립한 법률구조 기관입니다. 가정폭력이나 성폭력 피해자는 대상이 되나, 다른 범죄 피해자까지 그 대상으로 명시하고 있지는 않습니다. 다만, 경제적 약자·고령자·장애인 등 소외계층 등임을 증명하면 대상이 될 수 있으니 직접 문의해보시는 것이 좋습니다. 법률구조재단은 신청인이 구조대상이 된다고 판단하면 수행변호사를 연결해주는 방법으로 운영하고 있습니다. (홈페이지 http://www.legalaid.or.kr)

- 소송구조제도

소송구조제도는 법원이 소송비용을 지출할 자금능력이 부족한 사람을 위해 재판에 필요한 비용을 내지 않도록 하고도 소송을 할 수 있도록 해주는 것입니다. 법원이 하는 것인 만큼 수사기관에 내는 고소장은 그 대상범위가 되지 않습니다. 다만 민사소송 시 드는 인지대, 송달료, 변호사 비용 등에 대해 구조가 될 수 있으니 민사소송 제기 시 활용해보시기를 추천합니다. (홈페이지 https://help.scourt.go.kr/nm/min_16/min_16_1/index.html)

CASE

형사 유죄판결을 민사소송에 활용한 사례

Y씨는 연예인 지망생으로, 공중파 드라마 오디션을 보고 연예기획사로부터 합격 통지를 받았다. Y씨는 꿈에 부풀어 기획사 사장을 찾아갔다. 그러나 기획사 사장은 Y씨에게 오디션 당시에 했던 말과는 달리 공중파 드라마에 출연하기 위해서는 전속계약을 체결하고 계약금으로 1,000만 원을 지급해야 한다고 했다. Y씨는 배역을 놓칠까 두려워 계약금을 지급하고 전속계약을 체결했다. 하지만 왠지 모르게 찜찜한 마음에 공중파 방송사와 원작 출판사에 연락해 해당 드라마의 제작과 편성이 어느 정도

진행되었는지 문의하였는데, 기획사의 말과는 달리 방송사와 출판사는 제작 계약도, 편성도 진행된 사실이 없다고 답하였다.

Y씨는 방송사 및 출판사와의 통화 녹취록 등 증거를 수집하여 사장을 사기죄로 고소하는 한편 여러 가지 조치를 동시다발적으로 진행하였다. 공정거래위원회에 표준약관표지 허위사용 금지의무 위반 신고를 하여 과태료 부과 결정을 받았으며, 예술인에 대한 불공정 계약 강요 행위로 한국예술인복지재단의 예술인신문고에도 신고하였다. 아울러 회사와 사장을 상대로 사기로 인한 손해배상을 구하는 민사소송을 제기하였다.

그 사이 사기죄로 형사 고소했던 사건은 기소되어 유죄 판결이 확정되었다. 형사소송 1, 2심의 판결문에서 사장의 사기 행각과 Y씨가 주장한 피해액 전액을 인정한 내용이 중요한 증거가 되었으며 수사와 공판기록 일부를 민사소송에서 송부촉탁받아 증거로 활용할 수 있었다. 회사 사장은 실형 선고를 받고 구속되었으며 Y씨는 민사소송 1심에서 전부 승소하고 2심을 진행 중이다.

2부

범죄별 고소 시 주의점

들어가며

 처음에도 말씀드렸고 지금까지 이 책을 읽으셔서 아시겠지만, 고소장은 접수를 시키기도 어려울 뿐만 아니라 접수시켰다고 하더라도 가해자 처벌이라는 결론을 얻어내는 과정이 매우 험난합니다. 그나마 고소장 제출 시 주의해야 할 점을 잘 지켜주신다면 그래도 그 험난함을 덜 수 있습니다. 그런데 그 주의점은 죄마다 달라질 수 있습니다.

 2부에서는 주요 범죄별 고소제기 전 반드시 알아야 할 주의점을 정리해보았습니다. 형법교과서처럼 모든 죄를 구성요건별로 다 다룬 게 아니라, 실무에서 자주 다뤄지는 죄에 대해 중요한 포인트만을 축약하여 정리한 것임을 미리 말씀드립니다. 우리가 비교적 흔하게 접하는 범죄 중 교통사고나 폭행, 상해와 같이 주로 피해자가 별도로 고소장을 내지 않아도 경찰이 바로 입건해 수사하는 범죄도 생략했습니다. 또 고소장 범죄사실 기재 시 참고하실 수 있도록 실제 판결문의 범죄사실도 포함하였습니다.

1장   성범죄

1. 성범죄 자세히 들여다보기

형법

제297조(강간) 폭행 또는 협박으로 사람을 강간한 자는 3년 이상의 유기 징역에 처한다.

제298조(강제추행) 폭행 또는 협박으로 사람에 대하여 추행을 한 자는 10년 이하의 징역 또는 1천500만 원 이하의 벌금에 처한다.

제301조(강간 등 상해·치상) 제297조, 제297조의2 및 제298조부터 제300조까지의 죄를 범한 자가 사람을 상해하거나 상해에 이르게 한 때에

는 무기 또는 5년 이상의 징역에 처한다.

성폭력범죄의 처벌 등에 관한 특례법

제14조(카메라 등을 이용한 촬영) ①카메라나 그 밖에 이와 유사한 기능을 갖춘 기계장치를 이용하여 성적 욕망 또는 수치심을 유발할 수 있는 사람의 신체를 촬영대상자의 의사에 반하여 촬영한 자는 7년 이하의 징역 또는 5천만 원 이하의 벌금에 처한다.

②제1항에 따른 촬영물 또는 복제물(복제물의 복제물을 포함한다. 이하 이 조에서 같다)을 반포·판매·임대·제공 또는 공공연하게 전시·상영(이하 "반포 등"이라 한다)한 자 또는 제1항의 촬영이 촬영 당시에는 촬영대상자의 의사에 반하지 아니한 경우(자신의 신체를 직접 촬영한 경우를 포함한다)에도 사후에 그 촬영물 또는 복제물을 촬영대상자의 의사에 반하여 반포 등을 한 자는 7년 이하의 징역 또는 5천만 원 이하의 벌금에 처한다.

③영리를 목적으로 촬영대상자의 의사에 반하여 「정보통신망 이용촉진 및 정보보호 등에 관한 법률」 제2조 제1항 제1호의 정보통신망(이하 "정보통신망"이라 한다)을 이용하여 제2항의 죄를 범한 자는 3년 이상의 유기징역에 처한다.

④제1항 또는 제2항의 촬영물 또는 복제물을 소지·구입·저장 또는 시청한 자는 3년 이하의 징역 또는 3천만 원 이하의 벌금에 처한다.

제14조의2(허위영상물 등의 반포 등) ①반포 등을 할 목적으로 사람의 얼굴·신체 또는 음성을 대상으로 한 촬영물·영상물 또는 음성물(이하 이 조

에서 "영상물 등"이라 한다)을 영상물 등의 대상자의 의사에 반하여 성적 욕망 또는 수치심을 유발할 수 있는 형태로 편집·합성 또는 가공(이하 이 조에서 "편집 등"이라 한다)한 자는 5년 이하의 징역 또는 5천만 원 이하의 벌금에 처한다.

②제1항에 따른 편집물·합성물·가공물(이하 이 항에서 "편집물 등"이라 한다) 또는 복제물(복제물의 복제물을 포함한다. 이하 이 항에서 같다)을 반포 등을 한 자 또는 제1항의 편집 등을 할 당시에는 영상물 등의 대상자의 의사에 반하지 아니한 경우에도 사후에 그 편집물 등 또는 복제물을 영상물 등의 대상자의 의사에 반하여 반포 등을 한 자는 5년 이하의 징역 또는 5천만 원 이하의 벌금에 처한다.

③영리를 목적으로 영상물 등의 대상자의 의사에 반하여 정보통신망을 이용하여 제2항의 죄를 범한 자는 7년 이하의 징역에 처한다.

제14조의3(촬영물 등을 이용한 협박·강요) ①성적 욕망 또는 수치심을 유발할 수 있는 촬영물 또는 복제물(복제물의 복제물을 포함한다)을 이용하여 사람을 협박한 자는 1년 이상의 유기징역에 처한다.

②제1항에 따른 협박으로 사람의 권리행사를 방해하거나 의무 없는 일을 하게 한 자는 3년 이상의 유기징역에 처한다.

성범죄의 처벌 규정은 형법뿐만 아니라 성폭력범죄의 처벌 등에 관한 특례법(이하 '성폭력처벌법'), 아동·청소년의 성보호에 관한 법률 등 여러 법률에서 찾아볼 수 있습니다.

통신매체를 이용한 음란행위, 카메라를 이용한 촬영 등 특수한 유형의 성범죄를 제외하고는 성범죄는 기본적으로 신체적 접촉과 관련되어 있습니다. 그중 일반인에게 성적 수치심이나 혐오감을 일으키게 하고 선량한 성적 도덕관념에 반하는 행위인 '추행'과 성관계를 뜻하는 '간음'을 구분하는 것이 출발점입니다. '강간'도 '간음'의 일종인데, 피해자의 반항을 현저하게 곤란하게 할 정도의 폭행·협박을 수반하여 강제성을 띤 간음은 강간으로 처벌하면서 성범죄 중에서도 가장 높은 형을 부과합니다.

강간이더라도 상해(강간상해, 강간치상)나 살인(강간살인, 강간치사), 강도(강도강간) 등 다른 범행을 함께 저질렀는지, 흉기 기타 위험한 물건을 휴대하거나 2인 이상이 합동하여 범행을 저질렀는지에 따라 죄명과 형량이 달라집니다.

범죄사실 예시

강간치상

피고인은 서울 ○○에 있는 ○자활센터에 소속되어 청소용역을 하던 중 같은 자활센터 소속인 피해자 이○○(가명, 여, 58세)와 초등학교 교실 청소를 같이 하게 된 것을 기화로 자주 보게 되었다.

피고인은 2020. 8. 7. 16:00경 서울 ○○, 3층 피고인의 주거지 거실에서, 쌀을 주겠다는 피고인의 제안을 받고 주거지를 찾아온 피해자와 인근 식당에서 식사를 한 후 다시 피고인의 주거지에 들러 함께 술을 마시던 중 갑자기 앉아 있는 피해자의 손을 잡아끌어 그곳 방 안에 있는 매트리스에 눕히고 피고인의 무릎과 팔로 피해자의 양팔을 눌러 반항을 억압한 후, 피해자의 옷을 모두 벗기고 피고인의 옷도 벗은 다음 양손으로 피해자의 다리를 벌리고 혀로 피해자의 음부를 핥고 손가락을 피해자의 음부에 삽입하고 가슴을 혀로 핥고 입맞춤을 하면서 성기를 삽입하려 하였으나, 피해자가 피고인의 머리채를 잡는 등 완강히 거부하여 그 뜻을 이루지 못하였다.

이로써 피고인은 피해자를 강간하려고 하였으나 미수에 그치고, 이로 인하여 피해자에게 치료일수를 알 수 없는 외음부 찰과상 및 발적 등의 상해를 입게 하였다.

강제추행

피고인은 2013. 11. 17. 05:33경 서울 ㅅ구에 있는 ○○○ 앞 도로에서 그곳을 지나가던 피해자 김○○(여, 21세)에게 다가가 뒤에서 한 손으로 피해자의 목을 감아 입을 막은 채 뒤로 잡아당기는 등 움직이지 못하게 하면서 다른 손으로는 피해자의 가슴과 음부를 계속 만지는 등 피해자를 강제로 추행하였다.

2. 성범죄로 고소할 때 주의할 점

1) 피해자 진술의 신빙성이 가장 중요합니다

성범죄는 보통 피해자와 가해자 둘만 있는 상황에서 은밀하게 벌어지고 있어 피해자의 진술만이 유일한 직접 증거일 때가 대부분입니다. 다행스럽게도 수사기관이나 재판부도 이러한 특성을 이해하고 있습니다. 그러니 피해자의 진술이 유일한 직접증거일 때라도 그 진술이 신빙성이 있다면 기소를 하고 법원도 유죄판결을 선고하지요. 단, 그러기 위해서는 피해자의 진술 내용 자체의 합리성과 타당성, 객관적인 정황과 경험칙 등에 비추어 피해자의 진술에 합리적인 의심을 할 여지가 없을 정도로 공소사실이 진실한 것이라는 확신을 가지게 하는 정도의 신빙성이 있어야 할 것입니다.

과거 가해자 측은 '피해자라면 마땅히 이렇게 행동해야 하지 않았나'라고 하면서 '피해자답게 행동하지 않았기 때문에 피해자의 진술은 신빙성이 없다'라는 주장을 하는 경우가 많았습니다. 이에 대해 최근 대법원은 성범죄 사건의 판단에서 피해자가 처한 상황을 고려하여, "법원이 성폭행이나 성희롱 사건의 심리를 할 때에는 그 사건이 발생한 맥락에서 성차별 문제를 이해하고 양성평등을 실현할 수 있도록 '성인지 감수성'을 잃지 않도록 유의하여야 한다(양성평등기본법 제5조 제1항 참조). 우리 사회의 가해자 중심의 문화와 인식, 구조 등으로 인하여 성폭행이나 성희롱 피해자가 피해사실을 알리고 문제를 삼는 과정에서 오히려 피해자가 부정적인 여론이나 불이익한 처우 및 신분 노출의 피해 등을 입기도 하여온 점 등에 비추어 보면, 성폭행 피해자의 대처 양상은 피해자의 성정이나 가해자와의 관계 및 구체적인 상황에 따라 다르게 나타날 수밖에 없다. 따라서 개별적, 구체적인 사건에서 성폭행 등의 피해자가 처하여 있는 특별한 사정을 충분히 고려하지 않은 채 피해자 진술의 증명력을 가볍게 배척하는 것은 정의와 형평의 이념에 입각하여 논리와 경험의 법칙에 따른 증거 판단이라고 볼 수 없다"라는 판단 기준을 제시하였습니다(대법원 2018. 10. 25. 선고 2018도7709 판결).

피해자의 진술의 신빙성을 높이려면, 목격자나 사건 발생 직후 대화를 나눈 지인이 있다면 사실확인서를 받고, 신체적 증거가 남아 있을 경우 72시간 이내에 해바라기 센터에서 채취하여 보존하고, 치상(상해) 사건이라면 진단서를 발급받고, 사건 현장 및 사건 당일의 동선에 있는 CCTV, 블랙박스, 동영상 등을 확보하는 것이 좋습니다. 또 사건 전후 정황을 이해할 필요가 있을 때는 가해자와 주고받은 대화 내역 등 사소한 증거까지도 정리하면 도움이 될 때가 있습니다.

CCTV 증거를 확보하는 방법에 대해 질문을 받을 때가 많은데, 보통 2주, 아무리 늦어도 1개월 이내에 확보해야 합니다. 공공기관에서 관리하는 공공장소의 CCTV는 정보공개를 청구하고, 공동주택 관리자나 개인, 사기업이 관리하는 CCTV는 관리자에게 보관을 요청한 후 가급적 빠른 시일 내에 고소하여 입건시킨 다음 경찰을 대동하여 직접 확인하거나 경찰에게 확인을 요청합니다. 만일 관리자가 협조하지 않거나 가해자의 영향으로 증거가 인멸될 우려가 있을 때는 소를 제기하기 전에도 민사상 증거 보전 신청을 할 수 있습니다(민사소송법 제375, 376, 377조).

2) 디지털 성범죄, 적극적으로 대응합시다

대표적인 디지털 성범죄의 유형으로는 불법촬영, 비동의유포, 유포협박, 불법합성 등이 있습니다(성폭력처벌법 제14조, 제14조의2, 제14조의3). 최근에는 나이 어린 여성 피해자를 대상으로 한 조직적인 디지털 성범죄인 이른바 'N번방 사건'이 사회적으로 큰 관심을 받기도 했습니다.

디지털 성범죄의 경우 형사 고소뿐만 아니라 온라인에 유포된 불법촬영물을 삭제하는 조치가 필수적입니다. 한국여성인권진흥원의 디지털 성범죄 피해자 지원센터(https://d4u.stop.or.kr)에서는 디지털 성범죄 피해자를 위해 무료 삭제지원 및 유포현황 모니터링 제도를 운영하고 있습니다.

3) 오래전에 종료된 범죄인 경우 친고죄와 공소시효에 주의합시다

모든 성폭력범죄에 대한 친고죄 적용이 폐지되어 친고죄의 고소기간 제한(6개월) 없이 고소가 가능하게 된 지 10년이 흘렀습니다. 하지만 여전히 법 개정 전인 2013년 6월 17일 이전에 범행이 종료된 성범죄는 친고죄로 보기 때문에, 구 성폭력처벌법과 판례에 따른 고소기간인 '범인을 안 날로부터 1년'이 지나면 고소할 수 없음을 유의해야 합니다.

또한 오래된 범죄일수록 시간을 지체하지 말고 가급적 빨리 고소하여야 합니다. 고소를 한 것만으로는 공소시효가 정지되지 않고, 공소시효 기간 내에 검사가 기소하지 않으면 공소시효가 만료되기 때문입니다. 수사가 몇 년씩 길어질 수도 있으니 고소는 빨리 할수록 좋습니다. 참고로 현행법상 강간죄와 강제추행죄의 공소시효는 10년, 강간치상죄의 공소시효는 15년입니다.

한편, 미성년자에 대한 성범죄의 공소시효는 해당 성범죄로 피해를 당한 미성년자가 성인이 된 날(만 19세)부터 진행하고, DNA 증거 등 과학적 증거가 있는 성범죄는 공소시효가 10년 연장되는 특례도 있습니다(성폭력처벌법 제21조).

4) 성범죄와 함께 부과할 수 있는 처분들

성범죄와 함께 부과할 수 있는 처분으로는 화학적 거세와 약물치료, 전자발찌 부착명령, 500시간 이내의 성교육 관련 영상 시청, 본인의 신상정보 등록 및 공개, 아동 및 청소년·장애인 관련 기관 취업 제한 등이 있습니다. 이 중 신상정보 등록은 모든 성범죄자가 필수적으로 하게 되어 있고 선고된 형에 따라 그 기간만 다르며, 화학적 거세는 성폭력범죄자의 성충동 약물치료에 관한 법률에서 정한 엄격한 요건(정신과 전문의의 성도착증 감정 등)을 갖추고 검사의 청구가 있을 때, 전자발찌 부착명령은 2회 이상 성폭력을 범하고 성폭력의 습벽이 있거나 재범의 위험성이 있어 검사의 청구가 있을 때, 다른 보안처분은 법률이 정한 범위 내에서 판사의 재량으로 유죄판결을 선고할 때 할 수 있습니다. 피해자가 처분의 종류나 수위를 결정할 수는 없지만, 수사기관에 적극적으로 의견을 피력하여 검사가 피해자의 의견을 반영한 부수적인 처분을 법원에 청구할 수 있도록 해야 합니다.

성범죄 피해자가 피해 진술의 신빙성을 뒷받침하는 다양한 증거를 직접 수집하고 제출한 사례

J씨는 본인이 고용된 회사의 대표로부터 강간과 스토킹을 당했다며 변호사를 찾아왔다. J씨는 처음 상담하는 자리에서 수많은 증거들을 펼쳐놓아 변호사를 놀라게 했다. 그 사건은 가해자의 차량 내에서 범행이 이루어졌는데, J씨는 차량의 블랙박스는 확보하지 못했지만 차량 내에서 가해자의 눈을 피해 음성녹음한 파일과 사건 직후 만난 친구들의 진술서, 그다음 날 찍은 산부인과 소견서, 사후피임약 처방 내역 등을 제시했다.

가해자는 사건 이후 J씨가 사는 집을 알아내어 새벽에 J씨의 집으로 찾아왔고, J씨가 집에 없자 문을 두드리고 문고리를 잡아당겨 열려고 시도하면서 소리치는 행동을 하여 아파트 관리자의 제지를 받았다. 이 부분은 나중에 주거침입죄로 기소되었는데, J씨가 신속하게 대응한 덕분에 아파트 관리자와 연락을 주고받은 내역, 아파트에서 자진 제공한 CCTV 영상 파일을 확보할 수 있었다. 고소장을 제출할 때는 CCTV 영상을 파일과 시간대별로 나누어 상세 분석한 자료를 첨부해 제출했다.

별지

CCTV 영상 분석 자료

성범죄를 비롯한 형사사건에서는 사건 당일의 시간대별로 객관적인 증거를 통해 수사관이 동선을 파악할 수 있게 하는 것이 중요하다. 또한 피해자의 사건 당일 행적에 대한 진술은 구체적일수록 신빙성을 높인다. 그래서 추가로 포털 사이트에서 제공하는 지도를 활용해 당일 가해자와 방문한 가게와 방문 시각을 정리하고, 현장에 다시 방문하여 영상과 사진을 촬영했다.

이러한 J씨의 증거 수집 노력으로 가해자는 피감독자간음죄와 주거침입죄로 기소되었다.

2장 명예에 관한 죄

1. 명예에 관한 죄 자세히 들여다보기

형법

제307조(명예훼손) ①공연히 사실을 적시하여 사람의 명예를 훼손한 자는 2년 이하의 징역이나 금고 또는 500만 원 이하의 벌금에 처한다.

②공연히 허위의 사실을 적시하여 사람의 명예를 훼손한 자는 5년 이하의 징역, 10년 이하의 자격정지 또는 1천만 원 이하의 벌금에 처한다.

제311조(모욕) 공연히 사람을 모욕한 자는 1년 이하의 징역이나 금고 또는 200만 원 이하의 벌금에 처한다.

> **정보통신망 이용촉진 및 정보보호 등에 관한 법률**
>
> 제70조(벌칙) ①사람을 비방할 목적으로 정보통신망을 통하여 공공연하게 사실을 드러내어 다른 사람의 명예를 훼손한 자는 3년 이하의 징역 또는 3천만 원 이하의 벌금에 처한다.
>
> ②사람을 비방할 목적으로 정보통신망을 통하여 공공연하게 거짓의 사실을 드러내어 다른 사람의 명예를 훼손한 자는 7년 이하의 징역, 10년 이하의 자격정지 또는 5천만 원 이하의 벌금에 처한다.

명예에 관한 죄는 크게 명예훼손죄와 모욕죄로 나눠집니다. 명예를 참/거짓 판단이 가능한 사실을 적시하여 훼손하면 '명예훼손죄', 욕설과 같이 추상적 판단이나 경멸의 감정을 표시하여 훼손하면 '모욕죄'라고 보시면 됩니다.

명예에 관한 죄는 형법 각칙 33장, 즉 제307조부터 제312조까지 규정하고 있는데, 인터넷 환경에서의 명예훼손죄에 대해서는 정보통신망 이용촉진 및 정보보호 등에 관한 법률(이하 '정보통신망법') 제70조에서 따로 정하고 있습니다.

형법이든 정보통신망법이든 진실한 사실을 적시한 명예훼손죄(형법 제307조 제1항, 정보통신망법 제70조 제1항)와 허위사실을 적시한 명예훼손죄(형법 제307조 제2항, 정보통신망법 제70조 제2항)를 구분하여 후자에 대해서는 가중처벌하고 있습니다.

명예훼손죄는 반의사불벌죄이고, 모욕죄는 친고죄이니 처벌불원의 의사를 밝히거나 고소를 취소할 때는 신중하시고, 특히 모욕죄는 범인을 안 날로부터 6개월이라는 고소기간 준수에도 유념하시길 바랍니다.

명예훼손

1) 2016. 12. 28.경의 명예훼손

피고인은 2016. 12. 28.경 용인시 ○○구 ○건물 앞에서, ○○○병원에 전화를 걸어 위 병원 총무부장 김○○에게 "나는 ○○○병원에 근무하는 이○○ 간호사의 남편인데, 그쪽에서 근무하는 최○○이라는 의사가 내 아내 이○○ 간호사와 바람이 났다. 결혼식을 올린 후에도 성관계하는 등 파렴치한 행위를 하였으니 인사조치하라"라고 말하였다. 이로써 공연히 사실을 적시하여 피해자 F의 명예를 훼손하였다.

2) 2018. 1. 31.경의 명예훼손

피고인은 2018. 1. 31. 10:00경부터 14:00경까지 서울 ○○구에 있는 ○○○○병원 정문 앞에서, 많은 행인들이 보고 있는 가운데 "불륜으로 한 가정을 파탄낸 의사, 의사 자격이 있는가? 저의 전 아내는 ○○○병원 간호사였습니다. 상간남 역시 ○○○병원 레지던트입니다. 그들의 불륜으로 인해 한 가정이 파탄났습니다. 결혼식 전날까지도 호텔에 가는 등 그들은 결혼 전부터 후까지 여러 호텔을 다니며 불륜을 저질렀습니다. 하지만, 지금까지 단 한 번의 사과 없이 뻔뻔하게 의료행위를 하고 있습니다. 비윤리적인 이 의사에게 강력한 징계를 ○○○○병원 측에 간곡히 부탁드립니다"라는 피켓을 들고 1인 시위를 하였다. 이로써 공연히 사실을 적시하여 피해자 최○○의 명예를 훼손하였다.

2. 명예에 관한 죄로 고소할 때 주의할 점

1) 명예훼손죄의 성립 기준: 발언 내용이 사실인가, 의견인가?

명예훼손죄는 기본적으로 사실을 적시해야 처벌이 되는데, 수사기관에서는 피해자가 문제삼은 내용이 오로지 의견에 불과하다고 판단할 때가 많습니다. 대법원은 사실의 적시란 가치판단이나 평가를 내용으로 하는 의견표명에 대치되는 개념으로서 증거에 의한 입증이 가능한 과거 또는 현재의 구체적인 사실관계에 관한 보고 내지 진술을 의미하고, 어떤 표현이 사실의 적시인지 의견의 표명인지를 구별함에 있어서는 언어의 통상적 의미와 용법, 입증 가능성, 문제된 말이 사용된 문맥, 그 표현이 행하여진 사회적 상황 등 전체적 정황을 고려하여 판단하여야 한다고 합니다(대법원은 1998. 3. 24. 선고 97도2956 판결).

2) 모욕죄의 성립 기준: 인격적 가치나 사회적 평가를 저하시킬 만한 표현인가, 다소 무례한 표현인가?

피해자가 듣기에는 분명히 인격적 가치나 사회적 평가가 저해될 정도로 저속한 표현 같은데, 수사기관이나 법원은 다소 무례한 표현에 불과하다고 보기도 합니다. 대법원은 인터넷 게시글에 '공황장애 ㅋ'라고 댓글을 단 사건에서 표현이 상대방을 불쾌하게 할 수 있는 무례한 표현이기는 하나 상대방의 인격적 가치에 대한 사회적 평가를 저하시킬 만한 표현에 해당한다고 보기는 어렵다고 판단한 바 있습니다(대법원 2018. 5. 30. 선고 2016도20890 판결).

3) 명예훼손죄든 모욕죄든 공연성이 있어야 합니다

명예에 관한 죄에서 말하는 공연성이란 불특정 또는 다수인이 인식할 수 있는 상태를 말합니다. 여러 사람이 있는 장소에서 발언을 하거나, 여러 사람이 볼 수 있는 인터넷 공간에서 글을 게시한 것은 공연성 입증에 문제가 없습니다. 그러나 피해자 본인이나 제3자 한 명에게 발언을 한 건은 그 상대방이 불특정 또는 다수인에게 적시된 사실을 전파할 가능성이 있는 때에만 공연성이 인정됩니다. 발언의 상대방이 발언자나 피해자의 배우자, 친척, 친구 등 사적으로 친밀한 관계인 경우에는 그러한 관계로 인하여 비밀의 보장이 상당히 높은 정도로 기대된다고 보아 공연성이 부정되는 것으로 보고 있다는 점에 주의해야 합니다.

4) 진실한 사실을 공공의 이익을 위해 적시한 경우

또 오로지 공공의 이익을 위해 진실한 사실을 적시하였다면, 위법하다고 볼 수 없어 명예훼손죄로 처벌하지 않습니다. 공공의 이익이 문제되는 대표적인 사안으로는 고객이 인터넷 카페나 블

로그에 올린 '이용 후기'가 있지요. 특히 환불과 같이 사익적 목적이 있다고 하더라도, 주된 목적이 다른 사람들의 의사결정에 도움을 줄 목적이었다면 오로지 공공의 이익을 위해 적시하였다고 보고 있습니다.

5) 발언 사실을 직접 들은 사람의 진술이 중요합니다

명예에 관한 죄는 발언 그 자체를 녹음하거나, 명예훼손적 표현이 담긴 인터넷 게시물을 캡처하여 증거로 제출하는 것이 일반적입니다. 이와 달리 만일 피해자가 없는 장소에서 명예훼손적 발언이 있었다면, 이 이야기를 직접 들은 사람들이 수사기관이나 법정에 직접 출석하여 진술을 해야 할 수도 있고, 만일 출석을 거부할 경우 유죄 입증이 어려울 수도 있으니 주의하시길 바랍니다.

3장

협박·공갈·강요· 스토킹처벌법위반

1. 협박·공갈·강요·스토킹처벌법위반 자세히 들여다보기

형법

제283조(협박, 존속협박) ①사람을 협박한 자는 3년 이하의 징역, 500만 원 이하의 벌금, 구류 또는 과료에 처한다.

②자기 또는 배우자의 직계존속에 대하여 제1항의 죄를 범한 때에는 5년 이하의 징역 또는 700만 원 이하의 벌금에 처한다.

③제1항 및 제2항의 죄는 피해자의 명시한 의사에 반하여 공소를 제기할 수 없다.

제284조(특수협박) 단체 또는 다중의 위력을 보이거나 위험한 물건을 휴대하여 전조 제1항, 제2항의 죄를 범한 때에는 7년 이하의 징역 또는 1천

만 원 이하의 벌금에 처한다.

제350조(공갈) ①사람을 공갈하여 재물의 교부를 받거나 재산상의 이익을 취득한 자는 10년 이하의 징역 또는 2천만 원 이하의 벌금에 처한다.

②전항의 방법으로 제삼자로 하여금 재물의 교부를 받게 하거나 재산상의 이익을 취득하게 한 때에도 전항의 형과 같다.

제350조의2(특수공갈) 단체 또는 다중의 위력을 보이거나 위험한 물건을 휴대하여 제350조의 죄를 범한 자는 1년 이상 15년 이하의 징역에 처한다.

제324조(강요) ①폭행 또는 협박으로 사람의 권리행사를 방해하거나 의무 없는 일을 하게 한 자는 5년 이하의 징역 또는 3천만 원 이하의 벌금에 처한다.

②단체 또는 다중의 위력을 보이거나 위험한 물건을 휴대하여 제1항의 죄를 범한 자는 10년 이하의 징역 또는 5천만 원 이하의 벌금에 처한다.

스토킹범죄의 처벌 등에 관한 법률

제18조(스토킹범죄) ①스토킹범죄를 저지른 사람은 3년 이하의 징역 또는 3천만 원 이하의 벌금에 처한다.

②흉기 또는 그 밖의 위험한 물건을 휴대하거나 이용하여 스토킹범죄를 저지른 사람은 5년 이하의 징역 또는 5천만 원 이하의 벌금에 처한다.

이번에는 개인이 자유롭게 자기 의사를 결정하고 그 결정을 실행할 자유를 침해하는 범죄를 한데 모았습니다. 이 범죄들을 이해하려면 먼저 '해악의 고지'라는 개념을 이해할 필요가 있습니다. 상대방에게 '공포심을 일으키기에 충분한 해악을 고지'했다면 그 자체로 협박죄가 성립합니다. 협박은 폭행과 함께 강요죄나 공갈죄의 수단 중 하나입니다.

공갈죄는 재물을 교부받기 위해 폭행 또는 협박으로 외포심을 일으키게 하는 행위, 강요죄는 폭행 또는 협박으로 사람의 권리행사를 방해하거나 의무 없는 일을 하게 하는 행위를 처벌하는 범죄입니다. 이 범주의 범죄들은 형법이나 특별법에서 여러 명이 함께 범행을 저지르거나, 흉기 등을 휴대하여 범행하거나, 보복범죄로 범행했을 때 가중처벌하는 규정을 두고 있습니다.

스토킹범죄는 상대방이 싫어하는데도 계속적이고 반복적으로 따라다니거나 무언가를 보내는 행위를 하는 것이지요. 스토킹은 위에서 말하는 협박이나 강요, 폭력, 성폭력을 포함하지 않는 경우도 있습니다. 폭력이나 강요가 없다고 하더라도 상대방이 원치 않는 행위를 지속적이고 반복적으로 행할 경우 그 상대방은 일상생활을 할 수 없거나 불안과 공포를 느낄 수 있는데요. 스토킹범죄의 처벌 등에 관한 법률(이하 '스토킹처벌법')이 제정되어 협박이나 강요, 폭력, 성폭력 외의 스토킹도 처벌할 수 있는 길이 열리게 되었습니다.

스토킹처벌법에서 정한 스토킹범죄가 발생하면 경찰관이 즉시 현장에 나가 피해자와 가해자를 분리하고 피해자 보호를 위한 접근금지, 전자장치 부착, 유치장 유치 등의 (긴급)응급조치를 취할 수 있습니다. 법원에 청구하지 않고도 빠른 초동 대응과 피해자 보호 조치를 할 수 있게 한 것입니다. 물론 조치 이후 법원의

사후 승인을 받아야 합니다.

또한 이른바 '사이버스토킹'이라고 하여 문자나 카톡 등으로 공포심이나 불안감을 유발하는 부호·문언·음향·화상 또는 영상을 반복하여 상대방에게 도달하도록 하면, 정보통신망 이용촉진 및 정보보호 등에 관한 법률 위반으로 처벌하고 있습니다.

범죄사실 예시

스토킹범죄의 처벌 등에 관한 법률 위반

피고인은 2019. 1.경 피해자 김○○(여, 22세)과 교제를 시작해 2021. 1.경 헤어졌고, 2022. 9. 초순경 피해자로부터 연락을 차단당하였음에도 2022. 9. 2.경 장소를 알 수 없는 곳에서, 지인의 휴대전화를 이용하여 피해자에게 전화한 것을 비롯하여, 그때부터 2022. 10. 1. 09:57경까지 별지 범죄일람표 기재와 같이 총 22회에 걸쳐 피해자에게 전화를 걸어 연락하였다.

이로써 피고인은 피해자의 의사에 반하여 정당한 이유 없이 피해자에게 불안감 또는 공포심을 일으키는 스토킹 행위를 지속적, 반복적으로 하였다.

특수공갈, 공갈, 공갈미수

1) 특수공갈

피고인은 2017. 8. 21. 10:00경 인천 ○○구에 있는 ○약국 앞 노상에서 약 25년 전 피해자 박○○(77세)의 소개로 갔던 다방에서 2,400만 원을 사용하였다는 이유로 소지하고 있던 위험한 물건인 접이식 칼(칼날 길이 6cm, 전체 길이 16cm)을 꺼내어 피해자에게 보이며 "4,000만 원을 주지 않으면 죽여버리겠다"라며 말하여 피해자를 협박하고, 이에 겁을 먹은 피해자로부터 같은 날 15:00경 인천 ○○구 ○○건물 지하 1층에 있는 '○○○○'에서 현금 2만 원을 교부받아 피해자의 재물을 갈취하였다.

2) 공갈

피고인은 2017. 11. 13. 8:00경 위 '○○○○'에서 위 피해자에게 "4,000만 원을 내놓지 않으면 죽여버리겠다"라고 말하여 피해자를 협박하고, 이에 겁을 먹은 피해자로부터 그 자리에서 현금 2만 원을 교부받아 피해자의 재물을 갈취하였다.

3) 공갈미수

피고인은 2017. 11. 13. 12:30경 위 '○○○○'에서 위 피해자에게 "4,000만 원을 내놓지 않으면 죽여버리겠다"라고 말하여 피해자로부터 현금을 교부받으려고 하였으나 피해자가 피고인을 밖으로 밀어내며 거부하여 그 뜻을 이루지 못하고 미수에 그쳤다.

2. 협박·공갈·강요·스토킹처벌법위반 고소할 때 주의할 점

1) 가해의 의사 없는 감정적 언동이나 일시적 분노는 협박이 아닙니다

협박이 되려면, 일반적으로 사람이 공포심을 느끼기에 충분할 정도의 해악을 고지하면 되지 실제로 그 사람이 공포심을 느꼈는지는 중요하지 않습니다.

다만 행위자의 말이나 행동이 단순한 감정적인 욕설 내지 일시적 분노의 표시에 불과하고 주위 사정에 비추어 가해의 의사가 없음이 객관적으로 명백한 때에는 협박행위나 협박의 의사를 인정할 수 없다고 본 판례도 있으니 유의하세요.

2) 스토킹처벌법이 개정되고 스토킹방지법이 제정되었습니다

2023년 7월 개정·시행된 스토킹처벌법은 피해자가 원하지 않더라도 가해자를 처벌할 수 있도록 하였고, SNS 등 정보통신망을 이용해 음성·문자·사진·영상 메시지를 전송하는 행위, 상대방의 개인정보·위치정보를 제3자에게 제공·배포·게시하거나 신분 관련 정보를 도용해 그를 사칭하는 행위도 스토킹범죄의 유형으로 추가했습니다.

위 법에서는 법원의 판결이 있기 전에도 필요하면 행위자에게 전자발찌 부착이 가능하게 하고 피해자뿐만 아니라 그 동거인, 가족 등 제3자도 긴급응급조치나 잠정조치의 보호 대상이 될 수 있게 하였습니다. 같은 달 스토킹방지 및 피해자보호 등에 관한 법률(스토킹방지법)도 시행되어 피해자 보호를 위한 여러 제도적 장치가 추가되었습니다.

3) 교제 중 발생한 폭력은 스토킹처벌법으로 처벌할 수 없습니다

교제 상황에서 발생하는 폭력이나 성폭력, 협박은 연인 관계가 지속되는 이상 상대방의 의사에 반하는 행위인지를 정확히 가려

낼 수 없어 스토킹으로 보기 어려운 측면이 있고, 이를 가정폭력으로 볼 수도 없어 현재는 형법상 폭행죄를 적용하고 있습니다.

연인 관계에서 발생하는 폭력은 그 특성상 스토킹 피해와 양상이 동일하며 오히려 일반적인 스토킹 피해보다도 2차 피해가 발생할 가능성이 큽니다. 교제 중 발생한 폭력에 대해서도 스토킹 피해나 가정폭력에 준해 처벌과 피해자 보호를 강화해야 한다는 논의가 지속적으로 이루어지고 있어 앞으로도 꾸준히 관심을 가지고 지켜보아야 하겠습니다.

1. 사기죄 자세히 들여다보기

형법

제347조(사기) ①사람을 기망하여 재물의 교부를 받거나 재산상의 이익을 취득한 자는 10년 이하의 징역 또는 2천만 원 이하의 벌금에 처한다

②전항의 방법으로 제삼자로 하여금 재물의 교부를 받게 하거나 재산상의 이익을 취득하게 한 때에도 전항의 형과 같다.

제347조의2(컴퓨터 등 사용사기) 컴퓨터 등 정보처리장치에 허위의 정보 또는 부정한 명령을 입력하거나 권한 없이 정보를 입력·변경하여 정보처리를 하게 함으로써 재산상의 이익을 취득하거나 제3자로 하여금 취

득하게 한 자는 10년 이하의 징역 또는 2천만 원 이하의 벌금에 처한다.

제348조(준사기) ①미성년자의 사리분별력 부족 또는 사람의 심신장애를 이용하여 재물을 교부받거나 재산상 이익을 취득한 자는 10년 이하의 징역 또는 2천만 원 이하의 벌금에 처한다.
②제1항의 방법으로 제3자로 하여금 재물을 교부받게 하거나 재산상 이익을 취득하게 한 경우에도 제1항의 형에 처한다.

특정경제범죄 가중처벌 등에 관한 법률
제3조(특정재산범죄의 가중처벌) ①「형법」 제347조(사기), 제347조의2(컴퓨터 등 사용사기), 제350조(공갈), 제350조의2(특수공갈), 제351조(제347조, 제347조의2, 제350조 및 제350조의2의 상습범만 해당한다), 제355조(횡령·배임) 또는 제356조(업무상의 횡령과 배임)의 죄를 범한 사람은 그 범죄행위로 인하여 취득하거나 제3자로 하여금 취득하게 한 재물 또는 재산상 이익의 가액(이하 이 조에서 "이득액"이라 한다)이 5억 원 이상일 때에는 다음 각호의 구분에 따라 가중처벌한다.
1. 이득액이 50억 원 이상일 때: 무기 또는 5년 이상의 징역
2. 이득액이 5억 원 이상 50억 원 미만일 때: 3년 이상의 유기징역

재산상 피해를 입으신 분들이 가장 먼저 떠올릴 수 있는 죄가 사기죄라고 해도 과언이 아니지요. 사기죄는 남을 속여 재물이나 재산상 이익을 취하는 범죄입니다. 사람을 속이는 일반적인 사기

죄는 모두 형법 제347조로 처벌됩니다. 사람을 기망하는 게 아니라 컴퓨터 등 정보처리 장치에 입력하지 말아야 할 정보를 입력하는 방식으로 재산상 이익을 취하는 범죄는 형법 제347조의2에 따라 컴퓨터 등 사용사기죄로 처벌됩니다. 또 형법 제348조에서는 준사기죄를 규정하고 있는데요. 이는 상대방의 사리분별 능력이 모자람을 이용하여 재물이나 재산상 이익을 취하는 범죄로 기망행위를 요건으로 하지 않는다는 점이 일반적인 사기죄와 다른 점입니다.

한편, 사기죄나 컴퓨터 등 사용사기죄에서 가해자가 취득한 이득액이 5억이 넘으면 형법이 아니라 특정경제범죄 가중처벌에 관한 법률이 적용되어 가중처벌이 되고 있습니다.

또 습벽으로 자꾸 사기 행위를 할 경우, 즉 상습성이 인정되면 가중처벌되는데, 반복된 무전취식 등이 상습성이 인정되는 예일 것입니다.

범죄사실 예시

사기

피고인은 지인을 통해 소개받은 피해자 이○○이 자금표(공사 시행업무를 수행하는 과정에서 통상적으로 경제적 능력을 증명하기 위해 요구되는 일정 금원에 대한 잔고증명)를 구한다는 사실을 알고, 자금표를 만들어주겠다는 명목으로 피해자를 속여 금원을 교부받기로 마음먹었다.

피고인은 2020. 3. 20.경 서울 ○○동 ○○에 있는 '○○농장'에서 피해자에게 150억 원가량의 수표 동영상을 보여주며 "8,000만 원을 지급해주면 시행사 업무에 필요한 자금표를 내가 만들어줄 수 있다"라고 거짓말하였다.

그러나 사실 피고인은 처음부터 피해자로부터 돈을 받아 김○○의 사업에 투자할 생각이었고, 150억 원가량의 수표 동영상은 인터넷에서 찾은 것일 뿐 피고인의 것이 아니었기 때문에 피고인은 피해자로부터 금원을 교부받더라도 자금표를 만들어줄 의사나 능력이 없었다.

피고인은 위와 같이 피해자를 기망하여 이에 속은 피해자로부터 2020. 3. 24.경 자금표 관련 비용 명목으로 국민은행 1,000만 원권 자기앞수표 5매, 신한은행 1,000만 원권 자기앞수표 3매를 건네받아 총 8,000만 원을 교부받았다.

2. 사기죄로 고소할 때 주의할 점

1) 기망의 내용과 이에 '속았다'라는 것이 중요합니다

먼저 말씀드렸다시피, 사기죄는 기망을 해야 성립이 됩니다. 그러니 구체적인 기망행위, 즉 언제, 어디서, 무슨 말을 하면서 돈을 가져갔는지를 분명히 밝혀야 합니다. 또 돈을 교부한 게 그 말에 '속아서'라는 것, 즉 기망행위와 처분행위와의 인과관계가 중요합니다. 고소인이 '가해자의 무슨 말을 듣고 돈을 줬더라도, 그 말을 믿고 준 게 아니라 그냥 딱해서 줬다'라는 말을 해버리면 기망행위나 기망행위와 처분행위 사이의 인과관계, 즉 그 말로 속은 게 아니라고 보아 사기죄 처벌도 불가능합니다.

2) 차용사기는 차용용도나 변제능력 입증이 중요합니다

차용사기 즉 돈을 빌려준 것이라면, 빌려준 용도나 변제기 때 돈을 갚을 의사나 능력이 문제됩니다. '아들 등록금에 쓴다'라고 하여 빌려줬는데 그게 아닌 다른 용도로 써버렸다면 그 자체로 사기가 되어버립니다. 통상 '용도사기'라고 하지요.

또 변제기를 말했는데 그 변제기에 갚을 의사와 능력이 없었다면 그 역시 사기가 됩니다. 일반적으로 돈을 빌릴 때 '1년 뒤 적금을 탄다. 그 돈으로 갚겠다'라는 식으로 변제기나 변제 방법을 말해줄 때도 있는데요. 실제로 1년 뒤에 탈 적금이 없을 경우 변제능력이 없었던 것이 되지요.

그러나 가해자가 '그 당시에는 정말 돈을 갚을 수 있다고 생각하여 빌렸는데, 변제기에 무슨 일이 생겨 못 갚게 되었다'라고 주장하고 이를 입증까지 해버리면 처벌이 어렵습니다. 가령, 가해자에게 변제기가 1년 뒤인 채권이 있어 이 채권으로 돈을 회수하여 변제하려고 했는데 막상 그 변제기 무렵에 그 채권의 채무자가 연락이 두절되거나 사망해버렸다는 것을 주장·입증하는 것이지요.

3) 투자한 돈이라면 사기죄 인정이 어려울 수 있습니다

최근 몇 년간 주식이나 가상화폐 거래가 매우 활발하여 많은 사람들이 투자에 열을 올렸지요. 그런데 주식도, 가상화폐도 갑자기 폭락함에 따라 돈이 묶여 이도 저도 못하는 사람들이 많습니다. 상황이 그렇게 되자 해당 주식이나 가상화폐를 사라고 했던 사람들을 상대로 사기죄 고소를 하고 싶어 하는 사람들이 많습니다. 그런데 주식이나 가상화폐는 기본적으로 투자, 즉 원금 손실을 본인이 감내하고 매수한 것으로 보아 사기죄 인정을 매우 까다롭게 하고 있습니다. 또 주로 고소하고자 하는 상대방이 '어떤 주식을 사라'라고 유도한 사람들인데, 그 사람이 고소인의 매수 행위로 인해 직접 재산상 이익을 얻지 않았다면 더욱 사기죄 인정이 힘들 수 있습니다. 단, 만일 매수한 것이 주식이라면 유도한 사람을 자본시장법 위반으로 처벌할 수 있을지 검토할 수 있습니다.

4) 나중에 돈을 갚았을지라도 사기 피해 금액은 가져간 돈 전체입니다

고소하기 전 피해금원 중 일부가 회복되었을 경우, 피해금액을 어떻게 잡아야 할지 궁금해하는 경우도 많습니다. 민사소송을 한다면, 일부 변제 시 변제된 금원을 제외하고 청구금액을 넣으면 됩니다. 그러나 형사 고소는 애초에 교부한 금원 전체가 피해금원입니다. 단, 피해 회복된 부분만큼은 가해자의 형량에 유리한 요소가 될 뿐이지요.

투자사기 피해자들이 집단 고소를 한 사례

J씨는 평범한 50대 가정주부였다. 아이들이 장성한 후 식당에서 아르바이트를 하다가 단골손님 K를 알게 되었다. K는 식당 근처 상가에서 작은 공방을 운영하는 사람이었다. 어느 정도 친분이 쌓이자 K는 Z라는 여자에 대해 말을 했다. Z는 아주 돈이 많은 사람인데, 돈을 많이 번 건 잘될 사업을 기가 막히게 알아보고 투자를 잘했기 때문이라고 했다. Z는 본인 돈으로 투자를 하기도 하지만 여러 사람에게 돈을 받아서 그 사람 돈으로 투자를 하고 수익금을 주기도 하는데 K 역시 돈을 맡겼다고 했다.

Z를 만나보니 정말 돈이 많아 보였고 많은 사람들이 그에게 돈을 맡기고 있었다. Z는 바로 J에게 "일단 한번 맡겨봐라. 매달 수익금의 1%를 주고, 원금이 필요할 때면 바로 원금도 주겠다"라고 말했다. J는 K의 성화에 못 이겨 Z의 땅이나 건물을 보러가기도 했다. 급기야 K는 "내가 연대보증을 서주겠다"라고 했고, J는 한번 믿어보자는 생각에 7,000만 원을 맡겼다. 그러자 정말 그다음 달에 7,000만 원의 1%인 70만 원을 수익금으로 보내왔다. Z는 그렇게 몇 달간 수익금을 보내오더니 추가로 투자를 해보라고 했다. 그리하여 J는 추가로 1,000만 원을 더 맡기게 되었다. 그러자 그다음 달부터 Z는 80만 원을 보내왔다. 그렇게 시간이 5년이 흘렀고 J의 투자금은 조금씩 늘어 2억 5,000만 원이 되었고, 수익금도 꼬박꼬박 잘 받았다.

그런데 갑자기 코로나 시국이 오자 Z는 "코로나로 상황이 좋지 않아 더 이상 수익금을 줄 수 없다"라고 했다. J는 그러면 원금을 회수하고 싶으니 달라고 말을 했다. Z는 차일피일 원금 상환을 미루더니 잠수를 타고 말았다. Z의 명의였던 땅이나 건물에 대해서 알아보니 부동산에는 은행 근저당은 물론이고, Z의 오빠나 언니 명의로 근저당도 잡혀 있었다. 그러자 K가 "모든 게 사기였다. 어서 Z를 고소하자"라고 나섰다. J나 K 말고도 피해자가 10명 정도 더 있었고, 피해합계가 27억 원이 넘는다고 했다. 함께 집단으로 고소를 하자고 했다. J는 K 때문에 Z에게 투자를 한 거라서 K가 공범이 아닌가 생각이 들기도 했다. 그러나 믿고 의지할 건 K밖에 없어 K가 하자는 대로 피해자 10명과 함께 형사 고소도 하고 민사소송도 했다.

고소장 제출 후 피해자들은 당장 Z가 구속되고 처벌될 거라고 생각했으나 경찰은 피해자가 너무 많아 사건이 복잡하다는 이유로 고소장을 낸 지 1년 6개월 만에 검찰에 송치를 했다. 검찰은 약 두 달 후 공소를 제기하였다. 재판에서 가해자는 피해자들에게 돈을 주고 합의할 거라고 말했다. 그런데 막상 피해자들이 가해자에게 들은 말은 "처벌불원서부터 적어주면 다음 달부터 매달 갚아주겠다"라는 것뿐이었다. 1심 재판이 시작된 지 7개월이 지나서야 1심 판결이 선고되었는데 결과는 징역 4년형이었다. 고소장을 낸 지 2년 3개월 만에 난 1심 판결이었으나 가해자는 항소하여 항소심이 현재 진행 중이다.

5장 　　　　　　　　　　 횡령죄와 배임죄

1. 횡령·배임죄 자세히 들여다보기

형법

제355조(횡령, 배임) ①타인의 재물을 보관하는 자가 그 재물을 횡령하거
나 그 반환을 거부한 때에는 5년 이하의 징역 또는 1천500만 원 이하의
벌금에 처한다.

②타인의 사무를 처리하는 자가 그 임무에 위배하는 행위로써 재산상의
이익을 취득하거나 제삼자로 하여금 이를 취득하게 하여 본인에게 손해
를 가한 때에도 전항의 형과 같다.

제356조(업무상의 횡령과 배임) 업무상의 임무에 위배하여 제355조의 죄
를 범한 자는 10년 이하의 징역 또는 3천만 원 이하의 벌금에 처한다.

횡령죄와 배임죄는 주로 기업 총수나 대표들에게 적용된다고 생각하시는데, 그렇지 않습니다. 친구에게 돈을 맡겼는데, 친구가 맡긴 용도가 아닌 다른 용도로 돈을 써버리면 횡령죄가 될 수 있습니다.

횡령죄와 배임죄는 모두 신임관계를 저버리는 행위를 처벌합니다. 둘의 차이는 '처벌하는 대상이 누구인가'와 '신임관계를 저버리고 무엇을 취득하였는가'에 있습니다. 횡령죄는 '타인의 재물을 보관하는 자'가 그 재물을 횡령하거나 반환을 거부하여 그 '재물'을 취하면 처벌이 됩니다. 반면, 배임죄는 '타인의 사무를 처리하는 자'가 임무를 위배함으로써 '이익'을 취하거나 타인에게 '이익'을 얻도록 하여 본인에게 손해를 가한 때에 성립합니다.

예를 들어, 얼마의 돈이나 금괴 몇 개 등 '재물'을 보관한 자가 그 재물을 취하면 횡령죄이고, 법인카드를 개인 용도로 쓰거나 법인이 법인과 무관한 채무에 보증을 서도록 하면 눈에 보이지는 않더라도 이에 상당한 '이익'을 얻었다고 보아 배임죄가 되는 것입니다.

업무상 횡령죄나 업무상 배임죄에 대해서도 들어보셨을 것입니다. 직업 또는 계속적으로 종사하는 사무나 사업을 하고 있는 자가 배임이나 횡령을 하면 '업무'로 했다고 보고, 가중처벌하고 있습니다. 대표적인 것이 회사의 대표나 임원, 직원이 회사에 대해 횡령이나 배임을 한 경우가 되겠지요.

한편, 횡령죄나 배임죄도 사기죄와 같이 이득액이 5억 원이 넘어가면 특정경제범죄 가중처벌 등에 관한 법률에 따라 가중처벌이 됩니다. 이득액이 5억 원이상 50억 원 미만일 때에는 3년 이상 유기징역에 처할 수 있으며, 50억 원 이상일 때는 무기 또는 5년 이상의 형량이 선고됩니다.

범죄사실 예시

업무상 횡령

피고인은 피해자 김○○, 최○○과 함께 2015. 11. 1.경부터 2016. 12. 31.까지 서울 ○○구 ○○동에 소재한 '○○○'를 동업으로 운영하면서 수익금을 김○○, 최○○과 피고인이 5:5로 정산하기로 하고, 김○○은 최○○에게 전권을 위임하고, 최○○은 매장관리업무를, 피고인은 자금관리를 주로 담당하기로 하였다.

1) 계좌이체 방법으로 인한 업무상 횡령

피고인은 이와 같이 위 '○○○' 가게에서 피해자 김○○ 명의 하나은행 계좌와 피해자 명의 농협은행 계좌의 체크카드, 통장을 보관하며 위 계좌로 입금되는 카드매출금액과 현금매출금액을 관리하면서 피해자들을 위하여 업무상 보관하던 중 2015. 12. 12. 피고인 명의의 신한은행 계좌로 이체하여 생활비 등에 개인적인 용도에 소비한 것을 비롯하여 그때부터 2017. 1. 5.까지 사이에 별지 범죄일람표1 기재와 같이 총 267회에 걸쳐 같은 방법으로 합계 96,142,068원 상당을 마음대로 소비하였다.

2) 개인 주유비 사용으로 인한 업무상 횡령

피고인은 이와 같이 위 '○○○' 가게에서 피해자 김○○ 명의 농협은행 계좌의 체크카드를 보관하며 위 계좌로 입금되는 카드매출금액과 현금매출금액을 관리하던 중 2016. 5. 9. ○○주유소에서 피고인의 개인 차량에 주유하면서 주유비 80,000원 상당을 피해자 김○○ 명의의 농협은행 체크카드로 결제하는 등 개인적인 용도에 소비한 것을 비롯하여 그때부터 2016. 11. 8.까지 총 29회에 걸쳐 합계 1,835,600원 상당을 마음대로 소비하였다.

이로써 피고인은 피해자의 재물을 횡령하였다.

2. 횡령·배임죄로 고소할 때 주의할 점

1) 배임죄는 타인의 재산상 이익을 보호하는 범죄입니다

직원이 임무에 위배하는 행위를 했을 때, 업무상 배임죄가 아닌가 싶어 하시는 분들이 많습니다. 단순 배임죄든, 업무상 배임죄든, 배임죄는 타인의 재산상 이익을 보호하는 범죄입니다. 그러니 직원이 임무 위배를 하여 그 직원이나 제3자가 이익을 취득하고 회사가 재산상 손해를 입어야 배임죄가 되는 것이지요. 따라서 직원이 임무를 위배하였다고 하더라도 회사의 재산과 무관하다면 배임죄가 될 수 없습니다.

2) 소유자의 이익을 위해 행동한 경우

물건을 보관하던 자가 마음대로 물건을 없애버린 경우, 횡령죄를 떠올리기 쉽습니다. 그런데 이와 같은 행위를 했더라도, 행위자에게 불법영득의사가 없으면 횡령죄가 성립하지 않습니다. 불법영득의사란 타인의 재물을 보관하는 자가 자기 또는 제3자의 이익을 꾀할 목적으로 위탁의 취지에 반하여 타인의 재물을 자기의 소유인 것처럼 권한 없이 스스로 처분하는 의사를 의미합니다. 대법원은 위탁의 취지에 반하여 처분을 하더라도 소유자의 이익을 위해 처분하였다면 불법영득의사가 없다고 보고 있지요(대법원 2016. 8. 30. 선고 2013도658 판결 참조).

즉 물건을 없애버린 것이 소유자를 위한 결정이었다면, 불법영득의사가 없어 횡령죄가 되지 않는 것입니다. 실제로 회사 사장이 구속된 후 사무실 임차료를 내지 못해 쫓겨날 상황이 되자, 회사 관리이사가 회사 가구나 집기를 제3자에게 맡긴 사안이 있었습니다. 이에 대해 법원은 사무실을 비워줘야 할 상황에서 소유자인 사장을 위해 사무실 안에 있던 가구 등을 맡겼기 때문에 피고인에게 불법영득의사가 인정되기 어렵다고 보고 무죄를 선고하였습니다.

3) 받을 돈이 있어도 특정한 용도로 보관한 돈과 상계해버리면 횡령입니다

상계라는 표현은 다들 들어보셨을 것입니다. 한 사람에 대해 받을 돈과 줄 돈이 다 있을 때, 같은 액수 범위만큼 줄 돈과 받을 돈을 소멸하게 하는 것을 상계라고 하지요. 소위 '퉁친다'라고 표현하기도 합니다. 민법상 상계는 돈 받을 사람이 '퉁치자'라고 말만 해도 상계가 됩니다. 그런데 특정 용도를 정하고 보관한 돈에 대해 그 용도대로 쓰지 않고 '빚에서 퉁칠게'라고 해버리면 횡령이 되어버립니다. 법원은 이 경우도 앞서 설명드린 불법영득의사가 있다고 보기 때문입니다.

6장

무고와 위증에
관한 죄

1. 무고·위증죄 자세히 들여다보기

형법

제156조(무고) 타인으로 하여금 형사처분 또는 징계처분을 받게 할 목적
으로 공무소 또는 공무원에 대하여 허위의 사실을 신고한 자는 10년 이
하의 징역 또는 1천500만 원 이하의 벌금에 처한다.

제152조(위증, 모해위증) ①법률에 의하여 선서한 증인이 허위의 진술을
한 때에는 5년 이하의 징역 또는 1천만 원 이하의 벌금에 처한다.

②형사사건 또는 징계사건에 관하여 피고인, 피의자 또는 징계혐의자를
모해할 목적으로 전항의 죄를 범한 때에는 10년 이하의 징역에 처한다.

무고죄와 위증죄는 둘 다 허위사실을 진술한 사람을 처벌하는 범죄입니다. 두 범죄를 너무 폭넓게 인정하면 진실인지 여부가 가려질 때까지 범죄 피해자가 고소나 증언을 하지 못하는 등 위축될 수 있어 범죄 성립 요건이 다소 엄격하고 까다로운 면이 있습니다.

무고죄는 타인을 형사처분 또는 징계처분을 받게 할 목적으로 공무소 또는 공무원에 대해 허위의 사실을 신고한 자를 처벌하는 규정입니다. 국가보안법, 특정범죄 가중처벌 등에 관한 법률에 무고의 가중처벌 규정이 있습니다. 단순히 고소내용이 진실이라고 인정하는 데에 필요한 증거가 부족하다는 이유만으로 처벌하지는 않고, 객관적 진실에 반하는 허위사실을(객관적 구성요건), 알면서도 고의적으로 수사기관에 고소한 경우(주관적 구성요건) 무고죄가 성립합니다.

위증죄는 법률에 의하여 선서한 증인이 허위의 진술을 한 때에 성립합니다. 위증죄는 법정에 나가서 선서하고 허위의 증언을 해야 하고, 수사기관에서 참고인 진술을 받으면서 허위의 사실을 말하거나 민·형사 법원에 허위의 사실확인서를 제출한 것은 위증죄가 아니라는 점에 유의할 필요가 있습니다. 위증죄는 객관적 사실과 일치하더라도 증인의 기억에 반하는 진술인 경우 처벌됩니다. 물론 증인이 '저는 기억대로 진술했는데요'라고 일관되게 말하고 있다면, 위증하였다는 점에 대한 증명이 매우 어려울 수 있습니다.

무고

피고인은 2018. 초부터 이○○, 박○○ 부부와 토지 경계 문제로 분쟁을 하게 되자 이들에 대한 허위 내용의 고소장을 제출하기로 마음먹었다.

피고인은 2018. 4. 6. ○○시에 있는 ○○지방검찰청 ○○지청에 '2013. 7. 23. 이○○, 박○○이 처 김○○의 성폭력 사건을 해결해주겠다는 명목으로 300만 원을 받아갔고, 2013. 12. 말경 B이 발로 나의 얼굴을 걷어차 폭행하였으니 처벌해달라'라는 취지의 고소장을 제출하고 경찰, 검찰 조사 시 같은 취지로 진술하였다.

위증

피고인은 2019. 8. 28. 15:30경 ○○시에 있는 ○○지방법원 제○호 ○○법정에서, 위 법원 2018노○○○○호 최○○에 대한 강제추행 사건의 증인으로 출석하여 선서하고 위 사건을 심리 중인 위 법원 제○항소부 판사에게 '2017. 9. 22. 19:30경 위 ○식당 앞에서 최○○이 혀로 김○○의 귀를 핥는 등 김○○을 추행하는 것을 보았다'라고 증언하였다.

그러나 사실 피고인은 2017. 9. 22. 19:30경 위 ○식당 앞에 있지 않았으므로 최○○이 같은 일시, 장소에서 김○○을 추행하는 것을 보지 못하였다. 그럼에도 피고인은 자신의 기억에 반하는 허위의 진술을 하여 위증하였다.

2. 무고·위증죄 고소할 때 주의할 점

1) '진실을 가려달라'라는 취지로 고소장을 내도 무고죄가 될 수 있습니다

고소한 목적이 시비를 가려달라는 데에 있거나 고소한 목적이 회사 장부상의 비리를 밝혀 정당한 정산을 구하는 데에 있다고 하더라도 객관적이고 합리적인 근거 없이 고소인의 주관적 짐작이나 추측만으로 고소한 경우 무고죄가 성립한다고 본 판례가 있습니다. 이와 비슷하게 신고 사실이 허위일 가능성이 있다고 인식하면서도 이를 무시한 채 무조건 자신의 주장이 옳다고 하는 경우에도 무고죄가 될 수 있으니 신중해야 합니다.

2) 불기소 처분이나 무죄가 나왔더라도 무고죄가 안 될 수도 있습니다

반대로, 고소사실이 불기소 처분(혐의 없음)이나 무죄가 되었다고 하여 반드시 무고죄가 성립하지 않는다는 점에도 유의할 필요가 있습니다. 수사기관의 혐의가 없다는 처분이나 법원의 무죄 판단은 고소사실이 합리적인 의심이 들 정도로 증명이 부족하였다는 것이지, 허위 사실을 고소하였다는 결론은 아니기 때문입니다. 또한 고소인이 법률전문가가 아니라 일반인이라는 점을 고려하기도 하는 것이지요.

3) 전체 고소사실 중 일부만 허위일 경우

전체 고소사실 중 일부만 객관적 진실에 반할 때, 그 허위인 부분이 범죄의 성립에 영향을 미치는 중요한 부분이 아니고 단지 고소사실의 정황을 과장하는 데 불과한 경우에도 무고죄로 처벌되지 않습니다. 반면, 허위 부분이 국가의 심판작용을 그르치거나 부당하게 처벌을 받지 아니할 개인의 법적 안정성을 침해할 우려가 있을 정도로 고소사실 전체의 성질을 변경시키는 경우에는 일부 허위사실만으로도 무고죄가 될 수 있습니다.

4) 증언의 내용이 기억과 다르더라도 위증죄로 처벌이 되지 않을 수 있습니다

한편 증언 내용이 증인의 기억과 다르더라도 증인이 착오에 빠져 자기 기억에 반한다는 인식 없이 증언하였음이 밝혀졌거나, 허위의 진술을 증인신문 종료 전에 철회 시정한 경우에는 위증죄로 처벌하지 않습니다.

5) 너무 빨리 고소하면 불리할 수도 있습니다

모든 범죄의 고소는 빠르면 빠를수록 좋다는 것이 상식이지만 무고죄와 위증죄만은 다릅니다. 두 범죄는 가해자가 무고하였거나 위증한 그 사건의 결과가 나온 뒤에 고소하기를 추천합니다. 수사기관도 그 사건의 결과를 본 다음에 본격적으로 수사를 하려고 하기 때문입니다. 특히 그 사건에 대한 수사가 진행되는 중에 고소를 넣으면, 같은 수사관에게 배정될 가능성도 높기 때문에 무고·위증죄에만 집중하여 중립적이고 객관적인 판단을 받기가 어려울 수 있습니다.

또 경찰이나 검찰은 고소 사건에 대해 혐의 없다는 결론을 내릴 때에는 무고죄 성립 여부를 자체적으로 판단하도록 하고 있습니다. 위증죄의 경우에는 법원이 증인의 법정진술을 배척하는 판단을 내릴 경우 공판검사가 인지하여 수사하기도 합니다. 그러니 더더욱 무고·위증죄의 고소는 서두를 필요가 없는 것이지요.

CASE

무고죄로 역공을 당하였으나 혐의에서 벗어난 사례

N씨의 직업은 의사이다. 페이닥터로 한 요양병원에 근무한 지 한 달 만에 원장이 "폐업을 해야 하니 한 달만 더 근무를 해달라"라고 말하여 알았다고 했다. 그런데 그 말이 떨어진 직후부터 대표는 환자들을 전원시키거나 내보내더니 "오늘까지만 근무해달라"라는 이메일을 보냈다. N씨 입장에서는 아직 입원한 환자들이 남아 있고 약속한 근무일이 2주나 남아 "이건 좀 아니지 않느냐?"라고 말하고 다음 날 그대로 출근하여 진료실에서 근무를 하고 있었다. 그런데 곧 원장이 잔뜩 화가 난 채 진료실 문을 벌컥 열고 들어오더니 "계속 일할 거면 청소해"라고 반말을 하며 N씨를 잡고 진료실에서 끌어낸 다음 "여기 청소해. 저기도 청소해"라고 지시를 했다. 그 과정에서 '이 새끼' '개새끼'라는 표현도 들었다. N씨가 페이닥터이기는 하나 원장보다 나이도 훨씬 많았다. 피해를 당한 N씨는 112에 신고를 했고 경찰이 출동했다. 또 턱을 맞은 N씨는 당일 바로 치과에 가 치료를 받았다. 도무지 이 일을 그냥 넘어갈 수 없다고 생각해 사건이 있는 날로부터 3주 내에 경찰서에 상해죄로 처벌해달라는 고소장을 냈다. 고소장을 낸 지 한 달 남짓 만에 경찰은 불송치 결정서를 집으로

보냈다. 억울한 N씨는 바로 이의신청을 하고 본인이 들은 욕이 모욕죄에 해당할 수 있다고 생각하여 모욕죄 고소장을 추가로 냈다. 그런데 오히려 원장으로부터 무고죄로 신고당했으니 피의자로 나와서 조사를 받으라는 연락을 받았다. N씨는 상해죄를 불송치 결정한 경찰에게 "무고죄 검토해봤는데 그건 되지 않을 것 같다는 의견으로 보냈다"라고 들었다. 그런데 막상 고소된 무고죄를 수사한 경찰은 다른 경찰이었고 그는 무고죄에 대해서 기소의견으로 검찰에 송치시켰다. 그 사이 N이 고소한 모욕죄에 대해서도 경찰은 다시 불송치 결정을 하고, 이의신청한 상해죄는 검찰이 불기소 처분을 내렸다. N씨는 고소를 통해 가해자를 처벌하기는커녕 오히려 무고죄로 처벌된 위기에 처한 것이다. 그런데 N씨가 검찰에 적극적으로 "나의 기억에 반하는 신고는 아니었다"라는 점을 주장·입증하자, 검찰은 경찰에 한 번 더 보완수사를 요구하더니 불기소 처분(혐의 없음)을 내렸다. 사건이 터진 지 9개월, 무고죄로 신고당한 지 6개월 만에 나온 결과이다.

7장

업무방해죄

1. 업무방해죄 자세히 들여다보기

형법

제314조(업무방해) ①제313조의 방법 또는 위력으로써 사람의 업무를 방해한 자는 5년 이하의 징역 또는 1천500만 원 이하의 벌금에 처한다.

②컴퓨터 등 정보처리장치 또는 전자기록 등 특수매체기록을 손괴하거나 정보처리장치에 허위의 정보 또는 부정한 명령을 입력하거나 기타 방법으로 정보처리에 장애를 발생하게 하여 사람의 업무를 방해한 자도 제1항의 형과 같다.

업무방해죄는 '허위의 사실을 유포'하거나 '위계(속임수)'를 쓰거나 '위력(사람의 자유의사를 제압하거나 혼란시키는 힘)'을 써서 '사회적 지위로 계속 종사하는 업무'를 '방해'하면 성립하는 범죄입니다. 여기서 업무는 무보수 업무나 비영리 목적 업무, 부수적 업무, 개인뿐만 아니라 법인이나 기타 단체의 업무도 포함합니다. 반드시 업무를 방해한 결과가 현실적으로 발생하였을 필요는 없고 업무를 방해할 우려가 있는 상태가 발생하면 됩니다.

일반 업무방해죄 외에도 컴퓨터에 비밀번호를 설정하거나 하드디스크를 분리하는 등의 방법으로 타인의 업무를 방해한 행위를 처벌하는 컴퓨터 등 장애 업무방해죄가 있습니다(법정형은 같습니다).

허위사실 유포, 위계나 위력이라는 수단 없이 타인의 업무를 방해했을 때에는 경범죄처벌법에 따라 가볍게 처벌이 되기도 합니다. 아래 공소사실의 예시를 보면 20분간 고성을 내고 욕설을 하며 소란을 피우면 '위력'으로 인정되어 경범죄가 아닌 업무방해죄로 처벌받음을 알 수 있습니다.

범죄사실 예시

업무방해

피고인은 2019. 11. 24. 00:20경 경기 ○○시 ○○구 ○○에 있는 피해자 이○○이 운영하는 '○○○'음식점에서 음식을 주문하지 않은 채 자리에 계속 앉아 있다가 종업원으로부터 음식을 주문하지 않을 것이면 음식점에서 나가줄 것을 요구받자, "사장 나오라고 해!"라고 소리를 지르고 욕설을 하는 등 소란을 피웠다.

이로써 피고인은 약 20분간 위력으로 피해자의 위 음식점 운영업무를 방해하였다.

2. 업무방해죄로 고소할 때 주의할 점

1) 정당한 권리 행사·자력구제와 업무방해를 구분해야 합니다

자신의 권리를 정당하게 행사하는 과정에서 상대방의 업무에 지장이 초래된 경우, 상대방이 업무방해죄를 걸고 넘어지는 사례가 많습니다. 우리 법원은 그러한 경우 행위의 내용이나 수단 등이 사회통념상 허용될 수 없는 등 특별한 사정이 없는 한 업무방해죄가 되지 않는다고 하였습니다(대법원 2013. 2. 28. 선고 2011도 16718 판결).

그 예로 근로자의 근로조건 향상을 위한 파업, 소비자불매운동, 보도를 주행하는 오토바이를 막아 세운 보행자의 행위(오토바이가 보도를 운행하는 것은 도로교통법 위반행위로 단속 권한이 없는 일반인도 오토바이 운전자에 대해 정당한 항의를 할 수 있다는 점을 근거로) 등이 있습니다.

반면 권리자가 자신에게 주어진 권한을 행사하였음에도 사회적 상당성을 벗어난 업무방해 행위로 판단한 판례도 있습니다.

대표적으로 대부업체 직원이 대출금을 회수하기 위하여 소액의 지연이자를 문제 삼아 채무자에게 전화를 수백 회 걸어 방해한 행위(채권의 공정한 추심에 관한 법률 위반에도 해당), 다수인의 통행로로 이용되어 오던 도로의 토지 일부의 소유자가 도로 중간에 바위를 놓아두어 차량의 통행을 방해한 행위(일반교통방해죄에도 해당), 임차인이 갱신계약에 관한 의사표시 및 명도의무를 지체하였다는 이유로 임대인이 계약 종료 16일 만에 일방적으로 단전조치를 시행한 행위 등입니다. 적법한 절차에 의하지 않고 폭력적 수단으로 건물의 불법점유자를 쫓아낸 경우에는 건조물침입죄 및 업무방해죄로 처벌될 수 있다고 판시한 사례도 있습니다.

그러므로 권리 행사와 자력구제는 법이 정한 요건에 따라, 사회적 상당성이 인정되는 범위 내에서 하여야 합니다.

2) 민사소송을 할 때 주의할 점

형사사건에서 유죄판결이 나오면 피해자가 수사 결과와 법원의 유죄판결을 근거로 민사소송을 청구하는 경우가 많습니다. 그러나 형사상 업무방해 행위를 민사상 불법행위로 구성해 손해배상을 청구하기 위해서는 몇 가지 주의할 사항이 있습니다.

첫째, 가해자의 업무방해 행위로 인한 손해가 피해자에게 발생하였어야 합니다. 앞서 언급하였듯이 형사사건에서 업무방해죄가 성립하기 위해서는 업무방해의 결과가 실제로 발생할 필요까지는 없고 업무방해의 결과를 초래할 위험이 발생하면 충분합니다. 하지만 손해배상 청구를 하기 위해서는 업무방해의 결과로 피해자에게 실제로 손해가 발생하여야 하는데, 이 점을 입증하는 것이 민사소송에서 중요한 쟁점이 될 때가 많습니다.

둘째, 여러 명이 공동으로 업무방해 행위를 저지른 경우, 그들 각자가 언제, 어떤 방식으로 전체 행위에 가담했는지를 구체적으로 밝혀야 합니다. 전원이 업무방해로 인한 모든 피해를 연대하여 배상할 의무가 있다고 주장하려면, 행위자들이 업무방해 기간 동안 계속하여 공동으로 전체 행위를 하였다는 점이 인정되어야 한다는 것이 판례의 태도입니다.

8장

문서에 관한 죄

1. 문서죄 자세히 들여다보기

형법

제225조(공문서 등의 위조·변조) 행사할 목적으로 공무원 또는 공무소의 문서 또는 도화를 위조 또는 변조한 자는 10년 이하의 징역에 처한다.

제229조(위조 등 공문서의 행사) 제225조 내지 제228조의 죄에 의하여 만들어진 문서, 도화, 전자기록 등 특수매체기록, 공정증서원본, 면허증, 허가증, 등록증 또는 여권을 행사한 자는 그 각 죄에 정한 형에 처한다.

제231조(사문서 등의 위조·변조) 행사할 목적으로 권리·의무 또는 사실 증명에 관한 타인의 문서 또는 도화를 위조 또는 변조한 자는 5년 이하의 징역 또는 1천만 원 이하의 벌금에 처한다.

제234조(위조사문서 등의 행사) 제231조 내지 제233조의 죄에 의하여 만들어진 문서, 도화 또는 전자기록 등 특수매체기록을 행사한 자는 그 각 죄에 정한 형에 처한다.

거래를 할 때, 상대방이 제시한 문서를 보고 '이런 문서가 있으니 진짜구나'라고 믿고 거래하는 경우가 많습니다. 그러나 훗날 해당 문서가 진실이 아님이 밝혀질 경우, 문서위조죄로 고소해야 한다는 생각을 하게 되지요.

그런데 상대방을 문서 위조로 고소하기에 앞서 반드시 짚고 넘어가야 할 부분이 있습니다. 일단 '처벌 대상이 되는 문서인가?' 입니다. 종이에 적혔다고 하여 다 처벌 대상이 되지는 않으며, 권리·의무 또는 사실증명에 관한 문서만이 처벌 대상입니다. 오히려 종이에 적히지 않았다고 하더라도 권리·의무, 사실증명에 관한 것이라면 문서라고 보지요. 대표적인 게 운전면허증, 주민등록증입니다. 종이가 아니라 플라스틱 카드 형태로 되어 있더라도 운전면허증이나 주민등록증을 위조하면 공문서위조죄가 성립합니다.

또 아셔야 할 점은 문서위조죄는 '행사할 목적'으로 문서를 위조해야 처벌이 된다는 점입니다. 여기서 행사란 위조된 문서를 진정한 문서처럼 용법에 따라 사용하는 걸 의미하는데요. 대표적인 게 '이거 봐라, 이런 문서도 있지 않냐?'라며 피해자에게 제시하는 것입니다. 반대로 행사할 목적 없이 장난으로 작성하였다면 위조죄가 되지 않습니다. 행사할 목적으로 문서를 만들기만 해도 위조죄인데, 실제 행사까지 하면 위조문서행사죄도 추가로 처벌됩니다.

위에서 문서가 진실이 아님을 알았을 때 문서위조죄 고소를 생각하게 된다고 말씀드렸습니다. 그런데 여기서 문서가 진실이 아니라는 것이 '작성 권한 없는 사람이 작성'을 해서 진실이 아니라는 것인지, 아니면 '내용이 객관적 사실과 달라' 진실이 아니라는 것인지가 중요합니다. 사실 우리 법은 전자, 즉 작성 권한이 없는데 권한 있는 것처럼 작성한 문서에 대해서만 처벌하는 것이 원칙이고, 후자에 대해서는 공문서, 진단서만 허위공문서 작성죄, 허위진단서 작성죄로 처벌하도록 되어 있으니까요. 그러니 '내용이 거짓말이었다'라고 하더라도 그 문서가 '사문서'였다면 처벌이 되지 않습니다. 여기서 공문서는 공무원 명의 문서, 사문서는 그 외의 문서를 말합니다.

'작성 권한이 없는데 작성'하였다는 말이 무슨 말인지 한 번에 와닿지는 않으실 겁니다. 예를 들어, 휴대전화 개통을 하면서 A의 동의도 없이 A 이름으로 휴대전화가입신청서를 작성했다면, 이게 바로 작성 권한 없이 A의 휴대전화 가입신청서를 작성한 것, 즉 위조한 것입니다.

문서 변조에 대해서도 들어보셨을 것입니다. 문서변조죄는 이미 완성된 문서의 내용을 바꾸는 범죄입니다. 예를 들어, 매매계약서에 적힌 매매 가액이 100,000,000원이었는데, 0을 한 개 지우거나 추가하는 것이 변조겠지요.

사문서 위조, 위조 사문서 행사

피고인 김○○는 주식회사 ○○ 대표이다.

1) 사문서 위조

피고인은 2020. 1. 5. 서울시 ○○구 ○○빌딩 4층 ○○사무실에서 이○○을 '을'로 '○○지역주택조합 조합장 박○○' '주식회사 ○○ 대표이사 최○○' '주식회사 ○○○○ 대표이사 이○○'를 '갑'으로 한 합의서를 작성한 후 위조하여 소지하던 이○○ 명의의 인장을 날인하였다.

이로써 피고인은 행사할 목적으로 권리의무에 관한 사문서인 이○○ 명의로 된 합의서를 위조한 것을 비롯하여 별지 범죄일람표와 같이 합의서 17부 및 탄원서 1부를 위조하였다.

2) 위조 사문서 행사

피고인은 2020. 1. 13. 위 '1항' 및 별지 범죄일람표 기재와 같이 위조된 합의서 및 탄원서를 위조된 사실을 알지 못하는 법무법인 ○○ 김○○ 변호사를 통해 ○○○○법원 제○형사부 2019노○○○○호 주택법 위반 사건에 마치 진정하게 성립된 문서인 것처럼 제출하여 행사하였다.

공문서 변조, 변조 공문서 행사

피고인은 2010. 12.경 장소불상지에서 2009. 4. 7. ○○○○장관 명의로 발급받은 피고인에 대한 경력증명서 원본을 스캐너로 복사한 이미지 파일을 컴퓨터 화면에 띄운 후 임의로 발급일자인 '2009년 4월 7일'을 지우고 컴퓨터 자판을 이용하여 발급일자를 '2010년 12월 7일'로 수정 입력하여 이를 컬러 프린터기로 출력하고, 그즈음 ○○구 ○○○○부 사무실에서 채용 응시서류를 제출하면서 그 변조 사실을 모르는 성명불상의 채용 담당자에게 위와 같이 변조한 경력증명서를 마치 진정한 문서인 것처럼 제출하였다.

이와 같이 피고인은 2010. 12.경 공문서인 ○○○○장관 명의의 경력증명서를 변조하고 행사한 것을 비롯하여, 그때부터 2012. 3.경까지 별지 범죄일람표(1) 기재와 같이 2010. 12.경 발급일자를 수정 입력해서 저장해 둔 경력증명서 이미지 파일을 출력하는 방법으로 6장의 공문서를 각 변조하고, 변조된 공문서를 진정한 문서인 것처럼 각 행사하였다.

2. 문서죄로 고소할 때 주의할 점

1) 출력물은 없고 파일만 있다면 문서가 아닙니다

이제 전 국민이 컴퓨터를 사용할 수 있다고 해도 과언이 아니기 때문에, 위조문서도 수기로 적는 경우는 거의 없고, 컴퓨터로 문서작업을 하거나 포토샵 등을 이용하여 존재하던 문서를 일부 변경하여 위조문서를 만들어낼 때가 많습니다.

그런데 문제는 법원이 파일만 존재하고 출력물, 인쇄물이 없으면 문서로 인정하지 않는다는 것입니다. 문서는 물체 위에 계속 고정되어 있어야 하는데, 전자 파일은 모니터 화면이 켜졌을 때만 나타나기 때문에 고정성이 없어 문서로 볼 수 없다는 것이지요.

그러니 위조된 파일만 있고, 이를 파일로 전송받았다면 '문서' 위조도 아니고, 위조 '문서' 행사도 아닙니다.

2) 위조된 파일을 출력하는 순간 문서위조죄가 됩니다

앞에서 보았듯이 문서 위조로 처벌하려면 프린터로 출력했는지 여부가 매우 중요합니다. 컴퓨터로 위조문서를 만든 다음 파일을 출력하면, 출력하는 순간 문서위조죄가 성립합니다. 그러니 이를 다시 스캔하여 파일로 상대방에게 제시해도, 문서위조죄 및 행사죄가 되는 것에는 변함이 없습니다.

또 가해자가 위조문서를 파일 형태로 상대방에게 전송하였다고 하더라도 상대방이 위조사실을 모른 채 출력해버렸다면 문서위조죄 및 위조문서행사죄는 성립합니다. 상대방을 도구로 이용하여 문서위조범행을 완성하였다고 보니까요.

9장

보이스피싱 범죄

1. 보이스피싱 범죄 자세히 들여다보기

형법

제331조(특수절도) ①야간에 문이나 담 그 밖의 건조물의 일부를 손괴하고 제330조의 장소에 침입하여 타인의 재물을 절취한 자는 1년 이상 10년 이하의 징역에 처한다.

②흉기를 휴대하거나 2명 이상이 합동하여 타인의 재물을 절취한 자도 제1항의 형에 처한다.

제347조(사기) ①사람을 기망하여 재물의 교부를 받거나 재산상의 이익을 취득한 자는 10년 이하의 징역 또는 2천만 원 이하의 벌금에 처한다

②전항의 방법으로 제삼자로 하여금 재물의 교부를 받게 하거나 재산상

의 이익을 취득하게 한 때에도 전항의 형과 같다.

제347조의2(컴퓨터 등 사용사기) 컴퓨터 등 정보처리장치에 허위의 정보 또는 부정한 명령을 입력하거나 권한 없이 정보를 입력·변경하여 정보처리를 하게 함으로써 재산상의 이익을 취득하거나 제3자로 하여금 취득하게 한 자는 10년 이하의 징역 또는 2천만 원 이하의 벌금에 처한다.

제350조(공갈) ①사람을 공갈하여 재물의 교부를 받거나 재산상의 이익을 취득한 자는 10년 이하의 징역 또는 2천만 원 이하의 벌금에 처한다.

②전항의 방법으로 제삼자로 하여금 재물의 교부를 받게 하거나 재산상의 이익을 취득하게 한 때에도 전항의 형과 같다.

제350조의2(특수공갈) 단체 또는 다중의 위력을 보이거나 위험한 물건을 휴대하여 제350조의 죄를 범한 자는 1년 이상 15년 이하의 징역에 처한다.제234조(위조사문서 등의 행사) 제231조 내지 제233조의 죄에 의하여 만들어진 문서, 도화 또는 전자기록 등 특수매체기록을 행사한 자는 그 각 죄에 정한 형에 처한다.

보이스피싱 범죄가 무엇인지는 다들 아실 것 같아 따로 설명은 하지 않겠습니다. 그런데 '보이스피싱죄'라는 죄명은 없습니다. 수법에 따라 기존 범죄 중 하나로 처벌이 됩니다.

대표적인 죄가 사기죄입니다. 피해자에게 전화를 걸어 금융감독원 직원, 경찰이나 검사를 사칭하며 거짓말을 한 다음 이에 속은 피해자에게 돈을 받거나 특정 계좌로 입금하도록 하는 형태의 보이스피싱은 사기죄로 처벌하고 있습니다.

보이스피싱 범죄를 컴퓨터 등 사용사기죄로 처벌하기도 합니다. 피해자에게 그럴싸한 문자를 보내 피해자가 문자를 클릭하면 피해자의 휴대폰에 원격 조정 어플을 설치합니다. 그러면 보이스피싱 조직원이 어플을 원격 조정하여 피해자의 금융기관 어플에서 돈을 계좌이체하는 방식으로 범죄를 저지르는데, 이러한 형태의 피해에 대해서는 컴퓨터 등 사용사기죄를 적용합니다.

보이스피싱 범죄를 '몸캠 피싱' 방법으로 할 때는 공갈죄를 적용합니다. 몸캠 피싱이란, 피해자의 휴대폰에 개인정보가 유출되는 어플을 깔게 한 다음 음란 화상 채팅을 한 후 '당신의 음란한 행위를 모두 녹화하였다. 돈을 송금하지 않으면 지인들에게 영상을 뿌리겠다'라고 겁을 줘서 돈을 갈취하는 방식을 말합니다.

또 보이스피싱 범죄는 절도죄로 처벌하기도 합니다. 피해자를 속여 돈을 특정 장소에 두도록 한 다음 가져가면 절도죄를 적용합니다. 이때 여러 명이 나가 일부는 망을 보고, 다른 한 명이 돈을 수거하는 게 일반적인데 이 경우 단순절도죄가 아니라 특수절도죄를 적용합니다.

만일 내가 보이스피싱 피해를 입었는데, 나에게 피해를 준 보이스피싱 조직원 중 일부가 위와 같은 죄로 처벌을 받는다면, 처벌받는 조직원을 상대로 민사소송을 제기하거나 형사소송에서 배상명령을 청구하는 방법으로 손해를 배상해달라고 하시면 됩니다.

그런데 피해금원이 입금된 통장만 제공하거나, 보이스피싱 조직에 단말기나 개통된 유심을 제공한 사람에 대해서는 전자금융거래법 위반이나 전기통신사업법 위반으로 처벌할지언정 보이스피싱 범죄 자체의 공범으로 보지는 않는 것이 일반적입니다. 그러니 보이스피싱 피해자가 통장 제공자나 전화기 제공자에게 손해배상을 청구해 승소하기는 어렵습니다.

범죄사실 예시

보이스피싱 사기

전화금융사기 조직의 콜센터에서 근무하는 성명불상 조직원은 사실은 검찰청 직원이 아님에도 불구하고, 2016. 8. 18. 10:00경 피해자 김○○에게 전화하여 검찰청 직원을 사칭하면서 "당신 명의로 가상 계좌가 개설되었고 그곳에 피해자들의 돈이 입금되었다. 가상계좌에 입금되어 있는 돈을 피해자들에게 송금하면 검찰 조사를 받지 않아도 되니, 내가 알려주는 인터넷 사이트에 들어가서 내가 말하는 대로 입력하라"라는 취지로 말하여, 이를 사실로 믿은 피해자로 하여금 같은 날 12:33경 그가 알려준 인터넷 사이트에 접속한 다음 계좌번호, 비밀번호, OTP 번호 등을 입력하게 함으로써 피고인 명의 신한은행 계좌(D)로 5,000만 원을 송금하게 하였다.

사기 방조 및 위조 사문서 행사

성명불상의 보이스피싱 조직원들은 2021. 6. 5.경 불상의 장소에서 대출 안내 문자를 보고 전화로 연락을 한 피해자 이○○에게 신한은행 대출 담당 직원을 사칭하면서 "대출을 해주겠다. 어플리케이션을 설치하여 대출을 신청하라"라는 취지로 거짓말을 하고, 현대캐피탈 직원을 사칭하면서 "기존 대출이 진행 중인데 신한은행 대출을 신청한 것이 확인되었다. 이것은 기존 대출에 대한 계약 위반이니, 금융거래가 정지될 것이며 당장 기존 대출금을 상환하지 않으면 위약금이 발생할 것이고, 법적인 절차를 밟겠다. 이것을 해결하려면 우리가 보내는 직원에게 기존 대출금을 상환하면 된다"라는 취지로 거짓말을 하였다.

그러나 사실 위 성명불상자는 신한은행 등 금융기관의 직원이 아니었고 피해자에게 대출을 해주거나 피해자의 기존 대출금을 상환해줄 의사나 능력이 없었다.

성명불상자는 위와 같이 피해자를 기망하고, 피고인은 2021. 6. 10. 17:00경 시흥시에 있는 'E 아파트' 정문 맞은편에 세워둔 피해자의 승용차 안에서, 성명불상자의 지시에 따라 위조한 납입증명서 1장을 그 점을 모르는 피해자 OOO에게 진정하게 성립한 문서인 것처럼 교부하면서 피해자로부터 대출상환금 명목으로 현금 1,775만 원을 건네받고, 1,755만 원을 성명불상자가 지정하는 사람에게 전달하였다.

이로써 피고인은 성명불상의 보이스피싱 조직원들과 공모하여 위조된 권리·의무 또는 사실증명에 관한 사문서인 현대캐피탈 명의의 납입증명서 1장을 행사하고, 보이스피싱 조직원인 성명불상자들의 전화금융사기 범행을 용이하게 하여 이를 방조하였다.

2. 보이스피싱죄로 고소할 때 주의할 점

1) 보이스피싱 조직원의 도구로 이용되었을 때

보이스피싱 조직의 몸통은 해외에 있으나, 피해자를 만나 돈을 직접 받는 역할(대면수거책)이나 편취금원이 입금된 통장에서 돈을 인출하여 전달하는 역할(인출책)을 할 사람은 한국에 있어야 하기에 중국에 있는 조직원들은 한국에서 대면수거책이나 인출책을 할 사람을 끊임없이 모집합니다. 주로 '고액 알바' '단기 알바'라는 형태로 광고를 하는데, 이때 알바 지원자에게 절세나 탈세를 위한 수금업무, 법무대행 등이라고 설명해주지 보이스피싱 일이라고는 말을 해주지 않습니다.

그래서 무심코 알바를 하다가 갑자기 '혹시 이 일이 보이스피싱인가'라는 생각이 들어 '보이스피싱 조직의 도구로 이용당한 피해자다'라는 취지로 신고나 고소를 생각하시는 분들이 있습니다.

이런 경우 수사기관은 신고자가 아무런 죄가 없다고 볼 때도 있지만, 보이스피싱 공범으로 엮기도 하니 신고 자체를 신중히 해야 합니다. 특히 횟수가 여러 번이고, 면접도 보지 않았으며, 하는 일에 비해 보수가 상당히 컸을 경우에는 아무리 '보이스피싱인 줄 몰랐다. 단순 알바로 알고 했다'라고 말하더라도 보이스피싱 범죄 공동정범 내지 방조범으로 엮일 수 있으니 이를 각오하셔야 할 것입니다.

2) 피해를 구제받을 수 있는 마지막 기회

사실 피해자에게 직접 기망 행위를 하고 피해금원 대부분을 가져간 사람들은 다 해외에 있어 검거하기가 어렵습니다. 검거된 자들 대부분은 피해자를 만나 돈을 수거하거나 통장에서 돈을 인출하여 다른 계좌에 송금한 사람들입니다. 앞서 말씀드렸지만 이들은 단순 알바인 줄 알고 가담했으며 취득한 이익도 미미하지요. 그래도 수사기관이나 법원은 보이스피싱 범죄를 엄히 다루고 있어 매우 중하게 처벌하고 있습니다.

검거된 공범이 재판 중에 선처를 받고자 형사 합의를 보자고 먼저 연락을 줄 수 있습니다. 물론 이들이 제시하는 합의금은 피해자가 본 손해의 극히 일부일 수 있습니다. 그래도 이때가 사실상 피해를 구제받을 수 있는 마지막 기회인 경우가 대부분입니다. 그러니 피해자로서는 이 기회에 가급적 많은 합의금을 받아내는 것이 가장 현명한 대처일 수 있습니다.

3) 피해사실을 상세히 진술하고, 연락처도 잘 기재하세요

간혹 해외 보이스피싱 콜센터 사무실에서 일한 사람들이 검거될 때가 있습니다. 이때를 대비해서 수사기관에 피해사실을 진술할 때는 아주 자세히 본인 피해를 말해야 합니다.

콜센터 사무실에서 일한 자들이 "중앙지방검찰청 김갑을 검사를 사칭했다. 같은 사무실에서 다른 조직원은 박을병 수사관을 사칭했다"라는 식으로 진술을 하면, 수사기관은 위 검사나 수사관 명의로 당한 피해를 접수한 사실을 추려내 공소사실로 특정합니다. 그러니 피해 신고 시 피해자가 "검사를 사칭했는데 이름은 기억 안 나요"라는 말만 한다면, 콜센터에서 일한 조직원이 잡혀도 피해자에 포함될 수가 없습니다. 따라서 피해를 신고할 때 본인이 들은 피해 내용을 아주 구체적으로 진술해야 합니다. 실제로 이와 같이 자세히 진술해둔 덕분에 피해당한 지 10년 정도 지나서 합의하자는 연락을 받아 합의를 본 사람들도 있었습니다.

또 수사기관이나 법원은 피해 신고 시 피해자가 적어낸 연락처로 연락을 할 수밖에 없으니 가급적 연락처를 바꾸지 않는 게 좋고 바뀌게 되면 반드시 수사기관에 바뀐 연락처를 통보해야 합니다. 수사기관이 피해자의 새 연락처까지 찾지도 않을 뿐만 아니라 피해자의 연락처가 바뀌어서 가해자가 합의금을 주고 싶어도 못 주는 경우도 많이 있기 때문입니다.

CASE

보이스피싱 피해자가 몇 년이 지나 피해를 회복한 사례

L씨는 보이스피싱 피해자이다. 갑자기 서대문 경찰서 A형사라는 사람이 전화를 걸어 "L씨 통장이 대포통장으로 사용되어 조사를 해야 한다. 그러니 우리가 알려주는 사이트에 개인정보를 입력해라"라고 하며 사이트 주소를 불러줬다. L씨는 바로 해당 사이트에 접속하여 사이트에서 지시하는 대로 개인정보를 모두 입력했는데 입력 완료 직후 L씨 은행 계좌에 있던 돈 전액인 432만 원이 빠져나갔다. 피해를 확인한 L씨는 당장 경찰에 신고하고 L씨가 들은 경찰관 이름(A)까지 기억해내며 진술조서까지

썼으나 그 후 몇 년이 지나도록 아무런 연락이 없었다. L씨는 모든 걸 포기하고 사건 자체를 잊고 살아야겠다고 다짐했다. 그런데 갑자기 법원에서 연락이 왔다. 보이스피싱 가해자가 잡혔는데 합의를 보겠다며 피해자 연락처를 달라고 하는데 줘도 되냐고 물었다. 처음에는 믿어지지 않아 또 보이스피싱인가 싶었는데 진짜 가해자가 잡혔던 것이다. L씨는 그 가해자에게 피해금액의 50%를 보상받고 합의를 해줬다. 그런데 그때부터 믿기지 않는 일이 생겼다. 그보다 뒤에 잡힌 다른 공범 두 명이 역시 같은 이유로 합의를 보자고 연락을 했고 그들과 합의를 보니 피해원금보다 더 많이 피해가 회복되었다. L씨가 이렇게 뒤늦게라도 피해 회복을 받을 수 있었던 건 수사기관에 피해 내용을 아주 구체적으로 진술했고 10년 동안 전화번호를 한 번도 바꾸지 않았기 때문이었다.

이 책이 '내 손 안의 변호사'가 되었으면 하는 마음으로 씁니다

지금 이 책을 읽고 계신 여러분은 자기 자신의 잘못이 아닌 다른 사람의 잘못으로 인해 인생의 큰 역경을 겪고 계실 것입니다. 세상이 원망스럽고, 왜 모두가 내 말을 들어주지 않는지 답답하고 억울하기도 하겠지요. 가족과 친구들에게는 부끄러워서 차마 말할 수도 없고, 주변에 수소문해서 변호사를 찾아가 상담을 받아도 무슨 말을 하는지 모르겠고 막막하기만 합니다.

그렇습니다. 결국 세상에서 믿을 건 나 자신뿐입니다. 좋은 수사관과 법관을 만나고 변호사를 선임하면 가장 좋겠지만, 결국은 나 자신이 법의 작동 방식과 절차를 알지 못하면 법을 모른다는 이유로 그들에게 끌려갈 수밖에 없습니다. 사건에 대해 잘 알고 있는 당사자는 바로 나 자신인데도 말이지요. 그렇기 때문에 법률과 거리가 먼 삶을 살아왔더라도 고소를 하려고 결심했다면 어느 정도는 법을 알고 있어야 합니다.

변호사 생활을 하다 보면 주변에서 변호사로서 가장 보람찰 때가 언제인지 물어보는 사람이 많습니다. 승소했을 때? 많은 돈을 보수로 받았을 때? 모두 기쁘고 즐거운 일이지만, 이 일을 하면서 가장 짜릿할 때는 제게 사건을 맡겨준 분을 믿고 사건을 진행하는 과정에서 그분이 한 말을 뒷받침하는 증거가 나타났을 때입니다. 그런 사건은 결과도 좋게 나오지만, 무엇보다 내 믿음이 헛되지 않았다는 보람이 큽니다. 그분이 이야기하는 진실을 세상에서 처음으로 믿어준 단 한 사람이 바로 나였다는 자부심도 크고요. 변호사와 고객의 신뢰관계란 그런 것입니다. 세상의 진실을 알리는 작은 목소리를 귀 기울여 듣는 일을 하면서 더 많은 사람들에게 널리 알리고 싶은 내용만 이 책에 간추려 담았습니다.

이 책을 내기까지 많은 분들의 도움이 있었지만, 흔쾌히 감수를 맡아주신 법무법인 덕수의 김형태 대표변호사님과 출판을 위한 도움과 격려를 아끼지 않으신 윤영환 변호사님, 서식 정리 및 편집의 많은 부분을 도와주신 장민지 님, 다양한 실무경험을 공유해주신 법무법인 하이브 변호사님들, 최신 법령 리서치 등에 도움을 준 손진원 님, 송소연 님께 특히 감사를 드리고 싶습니다. 이 책이 세상에 빛을 보게 해주신 바다출판사의 김인호 사장님과 김정하 편집자님께도 특별한 감사를 전합니다.

저희들은 이 책을 보시는 독자 한 분 한 분을 변호사 사무실에 상담받으러 오신 고객이라고 생각하고 '나를 믿어줄 단 한 사람'이 필요한 그분들께 도움을 드리고자 이 책을 썼습니다. 직접 만

나뀝지는 못하더라도 저희 저자들과 독자님들 사이에 변호사와 고객의 신뢰에 버금가는 단단한 믿음이 쌓이길 바라면서 이 책을 마무리합니다.

권리의 역사는 투쟁의 역사입니다.

먼저 용기 내어 목소리를 낸 여러분과 같은 사람들의 힘으로 세상이 이만큼 살기 좋아졌습니다.

용기 있게 길고 힘든 싸움을 택한 여러분이 부디 승리하시길,

그 과정에서 승리보다 더 위대한 마음의 평안을 찾으시길 바라면서,

변호사들이 독자 여러분을 응원합니다.

고소의 정석
억울한 사람들을 위한 실전 소송 매뉴얼

초판 1쇄 발행   2024년 3월 29일
초판 2쇄 발행   2024년 4월 25일

지은이   금윤화·임애리
감수   김형태
책임편집   이기홍
디자인   studio forb

펴낸곳   (주)바다출판사
주소   서울시 마포구 성지1길 30 3층
전화   02-322-3885(편집), 02-322-3575(마케팅)
팩스   02-322-3858
e-mail   badabooks@daum.net
홈페이지   www.badabooks.co.kr

ISBN   979-11-6689-228-8 03360